Solomon Weldetensay

Comportamento de procura de informação na Web da Universidade da Função Pública da Etiópia

Solomon Weldetensay

Comportamento de procura de informação na Web da Universidade da Função Pública da Etiópia

ScienciaScripts

Imprint

Any brand names and product names mentioned in this book are subject to trademark, brand or patent protection and are trademarks or registered trademarks of their respective holders. The use of brand names, product names, common names, trade names, product descriptions etc. even without a particular marking in this work is in no way to be construed to mean that such names may be regarded as unrestricted in respect of trademark and brand protection legislation and could thus be used by anyone.

Cover image: www.ingimage.com

This book is a translation from the original published under ISBN 978-620-2-05097-5.

Publisher:
Sciencia Scripts
is a trademark of
Dodo Books Indian Ocean Ltd. and OmniScriptum S.R.L publishing group

120 High Road, East Finchley, London, N2 9ED, United Kingdom
Str. Armeneasca 28/1, office 1, Chisinau MD-2012, Republic of Moldova, Europe
Printed at: see last page
ISBN: 978-620-7-92376-2

Índice:

DEDICAÇÃO

Esta tese é dedicada à minha adorável esposa Wro. Sisay Liramo - aos meus filhos Yabets Solomon, Abemelek Solomon, Abenezer Solomon e à minha querida mãe.

ESBOÇO BIOGRÁFICO

O investigador nasceu em junho de 1974, filho de Ato Weldetensay Shewaye e W/ro Negatua Kebede, na cidade de Debersina, Zona Norte de Shoa do Estado Regional Nacional de Amhara, na Etiópia. Frequentou o ensino básico na Model Kuter Hulet Elementary e a Junior School na Zere- yacob Junior Secondary School, respetivamente, de 1980 a 1987; e o ensino secundário completo na Haile Mariam Mammo Comprehensive Secondary School, de 1988 a 1992, em Deberberberhan. Ingressou na Universidade de Adis Abeba e licenciou-se em outubro de 1995 com um diploma e um bacharelato em Biblioteconomia e Ciências da Informação em julho de 2002.

Pouco depois da licenciatura, foi contratado pela Biblioteca da Universidade de Ciência e Tecnologia de Adama, em Adama, como bibliotecário assistente intermédio, onde trabalhou durante dois anos. Em 1999, entrou para a Biblioteca e Centro de Informação da Universidade da Função Pública da Etiópia. Desde então, o autor tem servido a universidade em diferentes secções e cargos. Tem trabalhado como consultor de reformas nacionais e formador em diferentes ministérios federais sob a supervisão direta da Universidade da Função Pública da Etiópia. Atualmente, desempenha as funções de Chefe Adjunto do Bibliotecário da Universidade.

Finalmente, o investigador ingressou na Escola de Estudos Graduados da Universidade de Haramaya para prosseguir os seus estudos para o Mestrado em Ciências da Informação em julho de 2012.

AGRADECIMENTOS

Antes de mais, gostaria de agradecer a Deus por me ter dado a força, a sabedoria e a coragem para concluir esta viagem.

Escrever este ensaio foi verdadeiramente um ato de colaboração. Não poderia ter escrito esta tese sem a ajuda e a inspiração dos conselheiros, dos colegas e de muitas outras pessoas que fizeram parte da minha vida.

Estou muito em dívida e igualmente grato a todas as pessoas que, de uma forma ou de outra, ajudaram a tornar esta tese um sucesso. Gostaria de mostrar a minha sincera gratidão ao meu orientador principal, Dr. Yared Mamo, que me ajudou a concentrar-me, a reorientar e a dar forma à minha tese. Gostaria também de agradecer ao meu examinador interno, Dr. Adem Kedir, pelo seu olhar perspicaz e também pelos seus comentários construtivos e encorajamento.

Os meus agradecimentos especiais vão também para a minha Co-orientadora, Dra. Moly Matthew, pela sua orientação e comentários construtivos. Gostaria também de dizer um grande obrigado à Dra. Esheite Abebe, ao Sr. Mohammed Adem e ao Sr. Fisshea Zellalem por terem ajudado e revisto a investigação.

A minha sincera gratidão vai também para a Ethiopian Civil Service University por me ter possibilitado participar neste programa.

O investigador gostaria de estender a sua sincera gratidão a todo o pessoal académico e aos estudantes de pós-graduação da Ethiopian Civil Service University por dedicarem o seu tempo e energia ao preenchimento do questionário que lhes dei. Obrigado a todos por nunca deixarem as minhas perguntas sem resposta e por me encorajarem a atingir o objetivo.

Por último, gostaria de manifestar uma vez mais a minha profunda gratidão à minha adorável esposa, aos meus filhos, aos meus pais e a todos os meus amigos que fizeram parte da minha vida.

COMPORTAMENTO DE PROCURA DE INFORMAÇÃO NA WEB DO PESSOAL ACADÉMICO E DOS ESTUDANTES DE PÓS-GRADUAÇÃO DA UNIVERSIDADE DA FUNÇÃO PÚBLICA DA ETIÓPIA
POR SOLOMNON WELDETENSAY

RESUMO

O objetivo deste estudo foi investigar o comportamento de procura de informação na Web dos estudantes de pós-graduação e do pessoal académico da Universidade da Função Pública da Etiópia. Para o efeito, foram utilizados métodos mistos de investigação para recolher dados quantitativos e qualitativos através de questionários de inquérito e de entrevistas semi-estruturadas. No total, participaram no estudo 42 membros do pessoal académico e 174 estudantes de pós-graduação. Os dados obtidos através do inquérito por questionário foram analisados utilizando a frequência, as percentagens, a média, o teste do qui-quadrado e o teste t independente. Os dados obtidos através de perguntas abertas e de uma entrevista semi-estruturada foram apresentados através de uma descrição narrativa. Os resultados mostraram que, apesar de a maioria das necessidades de informação do pessoal académico (38 (90%) e 120 (69%) estudantes de pós-graduação se basearem em fontes impressas e electrónicas, os resultados da entrevista revelaram que a maioria deles utilizava a Internet diariamente. Os resultados mostraram que a maioria dos estudantes pós-graduados procura informação na Internet para fazer os trabalhos das aulas 159 (90,2%) e para fazer investigação 124 (71,2%), enquanto a maioria do pessoal académico utiliza frequentemente a Internet para fins de investigação e comunicação. O estudo revelou também que os estudantes e o pessoal tinham necessidades de informação diversas, mas concentravam-se nas actividades de aprendizagem e de investigação, respetivamente. Além disso, os resultados sugerem que o motor de busca Google é o canal Web mais consultado para fins académicos; no entanto, os sítios Web e as redes sociais também são canais Web frequentemente utilizados pelo pessoal académico e pelos estudantes de pós-graduação. A maioria do pessoal académico e dos estudantes de pós-graduação estava insatisfeita com a falta de formação em literacia da informação e com a utilização do OPAC para pesquisar metadados. O resultado também revelou que o pessoal académico estava satisfeito com a ligação à Internet, enquanto os estudantes de pós-graduação estavam insatisfeitos com a velocidade da ligação à Internet. A maioria do pessoal académico e dos estudantes de pós-graduação afectou o seu comportamento de procura de informação por falta de formação, restrições de acesso e sobrecarga de informação. As diferenças de género entre os estudantes de pós-graduação mostraram que os homens utilizavam o canal Web com mais frequência do que as mulheres para fins académicos, e que as mulheres do pessoal académico inquiridas concordavam que era possível encontrar informação adequada no canal Web do que os homens do pessoal académico, um valor que constituiu uma diferença estatisticamente significativa [p=.041]. Do mesmo modo, devem ser implementadas estratégias de otimização da largura de banda, bem como uma política de utilização relevante, para aliviar o atraso da ligação à Internet disponível.

Capítulo 1
1 INTRODUÇÃO

1.1. Antecedentes do estudo

Houve uma mudança de paradigma no processo de informação baseado na Web. A Web é uma fonte de informação aparentemente ilimitada para satisfazer as suas necessidades de informação (Junni 2007). Os utilizadores exigem que a Web seja acessível através de um sistema de recuperação de informação eficaz e eficiente, a fim de satisfazer as suas necessidades de informação. A Web também permite que as pessoas não só recebam informações, mas também expressem as suas próprias opiniões, participem em assuntos públicos e tomem medidas para melhorar as suas vidas (Bhatia e Kumar, 2010). Nicholas (2006) explica que o aumento da informação disponível na Web afectou o comportamento de procura de informação, uma vez que toda a informação pode ser armazenada centralmente e tornar-se acessível simultaneamente a partir de qualquer lugar onde os utilizadores estejam disponíveis.

A procura de informação (SI) tem sido uma atividade humana importante desde a evolução da espécie humana. Os seres humanos procuram informação para a recolher, armazenar, interpretar e utilizar para vários fins (Afzal, 2009). A informação é importante para aumentar a consciência das pessoas, alterar o estado atual dos conhecimentos, mudar de atitude, resolver um problema e ajudar nos processos de tomada de decisão

De acordo com Martzoukou (2005), a Web tornou-se um canal de comunicação vital e um veículo importante para a disseminação e recuperação de informação, que está a exercer poder sobre a evolução e o desenvolvimento do Comportamento de Procura de Informação (BSI). Neste ambiente de pesquisa dinâmico e muito diversificado, os estudos sobre o comportamento de procura de informação que se centram nos sistemas tradicionais não são capazes de fornecer informações ricas sobre as interacções dos utilizadores quando pesquisam na Web.

De acordo com Olorunfemi e Mostert (2012), a procura de informação é o processo pelo qual um indivíduo procura informação, que é um processo que exige que o candidato a informação aplique conhecimentos pessoais, competências ou informações pessoais para resolver um problema. Nkomo, et al., (2011) sugere que o comportamento de procura de informação depende da educação do utilizador, do acesso a uma biblioteca e do tempo que o utilizador dedica à procura de informação. O comportamento de procura de informação na Web refere-se especificamente aos processos de procura de informação e aos seus comportamentos associados na World Wide Web.

Martzoukou (2005) constatou que tinha começado a surgir uma imagem mais abrangente da procura de informação na Web através de estudos empíricos que reconhecem a importância de analisar as diferenças fundamentais dos utilizadores. Revelou também que a procura de informação - por oposição à pesquisa de informação - envolve a análise de características e diferenças que se relacionam com os utilizadores enquanto pesquisadores de informação e não apenas com a exploração da atividade de pesquisa de informação.

É notório que a maioria dos estudos existentes sobre o comportamento de procura de informação dos estudantes universitários foi realizada no mundo desenvolvido, enquanto os estudos nos países em desenvolvimento continuam a ser escassos, especialmente os de natureza empírica (Hepworth e Wema, 2006). A explosão da Internet e da Web é uma realidade que alguns países em desenvolvimento ainda não compreenderam totalmente. No entanto, isto acontece a níveis variáveis; algumas nações estão mais bem posicionadas do que outras (Francis, 2008).

A maior parte do ensino superior público na Etiópia tem acesso à Internet ou tem uma rede em construção. Segundo o World Sat, a Etiópia encontra-se entre os países com o nível mais baixo de penetração e utilização da Internet, mas as instituições de ensino superior na Etiópia estão a adquirir cada vez mais largura de banda para fornecer uma Internet melhor aos estudantes e às faculdades (Derje, 2006). No que respeita à procura de informação, foram realizados vários estudos (Mulusew, 2012; Estub, 2009; Mikyas, 2011; Daniel; 2008) sobre a utilização de informação sobre saúde e agricultura no ensino superior. Nenhum destes estudos se preocupou em investigar o comportamento de procura de informação na Web do pessoal académico e dos estudantes de pós-graduação em institutos de ensino superior. Verifica-se, portanto, que existe uma falta de literatura de investigação relacionada com o comportamento de procura de informação na Web.

Quase todas as fontes de informação aumentaram, por vezes de forma dramática, nos últimos anos. Por conseguinte, para que a biblioteca da ECSU possa responder adequadamente à evolução das necessidades do pessoal académico e dos estudantes de pós-graduação, é necessário saber mais sobre a informação da Web que os utilizadores utilizam e valorizam e o que influencia a sua pesquisa, obtenção e utilização de informação. Para responder a estas questões, o estudo investiga o comportamento de procura de informação na Web do pessoal académico e dos estudantes de pós-graduação da ECSU.

1.2. Declaração do problema
Atualmente, os recursos em linha baseados na Web são uma das principais fontes de informação para os estudantes de pós-graduação e o pessoal académico, razão pela qual a pesquisa na Web se tornou uma das tarefas de acesso à informação mais activas no ensino superior.
(Preedip e Vinit, 2011) indicaram que o aparecimento da Internet e dos serviços de informação baseados na Web teve um grande impacto na prestação de serviços de biblioteca e de informação. É por isso que a informação na Web é um recurso vital de que o pessoal académico e os estudantes de pós-graduação necessitam para terem um bom desempenho nas suas actividades académicas.
A disponibilidade da informação desejada na Web, o conhecimento da existência de recursos de informação e as competências para utilizar eficazmente os canais de acesso são essenciais para uma utilização significativa da informação. A dificuldade em encontrar a informação pretendida, o baixo nível de conhecimento dos recursos de informação e das formas de otimizar o acesso aos mesmos tem impedido a utilização eficaz da informação na Universidade.
As conclusões de Bhatia e Kumar (2010) indicaram que o enorme crescimento da Web e a crescente expetativa dos utilizadores estão cada vez mais dependentes dos motores de busca para descobrir informações relevantes para as suas necessidades. Do mesmo modo, o pessoal académico e os estudantes de pós-graduação da ECSU utilizam a Web durante um número considerável de horas por dia na procura de informações (Ethiopian Civil Service University, 2014). No entanto, as necessidades de informação na Web, o canal de informação procurado, o objetivo da procura de informação na Web, o nível de satisfação e os problemas encontrados durante a procura de informação na Web são essencialmente desconhecidos. As estatísticas dos fornecedores dos recursos em linha subscritos (INASP), por exemplo, indicam uma utilização extremamente baixa por parte da ECSU, apesar da utilização frequente dos computadores disponíveis; no entanto, desconhecem-se os problemas que levam à não utilização destes recursos. A baixa utilização de artigos de jornais revistos por pares teria tido sérias implicações na qualidade do ensino ministrado pela ECSU. Estas lacunas afectam as actividades de ensino-aprendizagem e de investigação da universidade. Tendo em conta estas lacunas reconhecidas, este estudo investigou o comportamento de procura de informação na Web do pessoal académico e dos estudantes de pós-graduação da ECSU.
1.3. Objetivo do estudo
1.3.1. Objetivo geral
O objetivo geral do estudo era investigar o comportamento de procura de informação na Web do pessoal académico e dos estudantes de pós-graduação da Universidade da Função Pública da Etiópia.
1.3.2. Objectivos específicos
Os objectivos específicos do estudo são:
1. Identificar as necessidades de informação na Web do pessoal académico e dos estudantes de pós-graduação da ECSU.
2. Examinar os canais de informação na Internet mais utilizados pelo pessoal académico e pelos estudantes de pós-graduação
3. Investigar o nível de satisfação do pessoal académico e dos estudantes de pós-graduação relativamente à utilização da Web.
4. Examinar se o género desempenha um papel significativo no comportamento de procura de informação na Web entre o pessoal académico e os estudantes de pós-graduação.
5. Identificar os desafios que o pessoal académico e os estudantes de pós-graduação enfrentam no seu comportamento de procura de informação na Web.
1.4. Questões de investigação
O estudo responde às seguintes questões de investigação:
1. Quais são as necessidades de informação na Web do pessoal académico e dos estudantes de pós-graduação da ECSU?
2. Quais são os canais de informação na Internet mais utilizados pelo pessoal académico e pelos estudantes de pós-graduação?
3. Qual é o grau de satisfação do pessoal académico e dos estudantes de pós-graduação da universidade com o acesso à informação na Web, a relevância e a velocidade da ligação à Internet?
4. Existem diferenças significativas entre os géneros do pessoal académico e dos estudantes de pós-graduação no que respeita ao seu comportamento de procura de informação na Web?
5. Quais são os desafios enfrentados pelo pessoal académico e pelos estudantes de pós-graduação no seu comportamento de procura de informação na Web?
1.5. Âmbito e limitações do estudo
Este estudo centra-se no comportamento de procura de informação na Web na comunidade da ECSU. O âmbito

do estudo foi limitado ao pessoal académico e aos estudantes de pós-graduação. Isto porque o maior número de pessoal académico e de estudantes de pós-graduação utiliza a Internet para fins académicos.

O estudo teve as seguintes limitações. Os estudantes de doutoramento não foram incluídos neste estudo, uma vez que os 23 estudantes de doutoramento não se encontravam no campus durante o período de recolha de dados. A limitação de tempo foi uma das razões pelas quais o investigador não incluiu mais instituições no estudo. Por conseguinte, as conclusões do estudo não podem ser generalizadas ao comportamento de procura de informação na Web do ensino superior na Etiópia.

1.6. Importância do estudo

Esta investigação tentou levar a cabo um estudo sobre o comportamento de procura de informação na Web do pessoal académico e dos estudantes de pós-graduação da ECSU. Para o efeito, considera-se que o estudo tem os seguintes significados principais

> O resultado do estudo pode fornecer sugestões à administração da universidade sobre a forma como os actuais serviços e produtos de informação podem ser melhorados para servir melhor o pessoal académico e os estudantes de pós-graduação da ECSU. Isto, por sua vez, terá um impacto positivo no ensino/aprendizagem, na consultoria e na investigação levada a cabo pela universidade em geral. Por conseguinte, o investigador decidiu realizar uma investigação sobre o comportamento de procura de informação na Web por parte do pessoal académico e dos estudantes de pós-graduação da ECSU.

> Os resultados do estudo podem fornecer informações a outras universidades sobre a forma de utilizar a informação da Web para fins académicos e a necessidade de programas de literacia da informação geridos por profissionais da informação. Esforços de colaboração entre universidades na subscrição de recursos electrónicos académicos para aumentar o poder de compra de informação relevante da Web para fins académicos.

> Por último, o estudo pode chamar a atenção de outros investigadores para que realizem investigações sobre o mesmo tema ou sobre temas relacionados.

1.7. Organização do estudo

O estudo foi organizado em cinco capítulos. O primeiro capítulo trata dos antecedentes do estudo, do enunciado do problema, dos objectivos e das questões de investigação, seguidos do âmbito e das limitações do estudo e da importância do estudo. O segundo capítulo apresenta a revisão da literatura relacionada. O terceiro capítulo aborda a metodologia de investigação utilizada para realizar este estudo. O quarto capítulo abrange a análise dos dados, bem como a apresentação e discussão dos resultados. O último capítulo resume os resultados, apresenta as conclusões e formula recomendações.

Capítulo 2
2. REVISÃO DA LITERATURA

O objetivo da revisão da literatura é identificar os estudos e, por conseguinte, os factores que foram realizados sobre o tema e servir como um quadro razoável para discutir as questões realizadas no comportamento de procura de informação na Web ao nível do ensino superior.

Neste capítulo, são revistos os conceitos-chave e a literatura empírica pertinentes para o estudo. A primeira secção aborda a literatura concetual sobre definições, teorias e modelos de procura de informação na Web, tendo em vista a aprendizagem e o ensino em instituições de ensino superior.

A segunda secção analisa os resultados empíricos relacionados com o comportamento de procura de informação na Web por parte dos estudantes e do pessoal em estudos de instituições de ensino superior. A última secção apresenta um quadro concetual do estudo que serve de roteiro.

2.1. Literatura concetual

2.1.1. O conceito de informação

A informação foi identificada como um dos recursos básicos, a par da terra, do trabalho, do capital e do espírito empresarial. É uma componente básica da educação. No entanto, embora a informação seja procurada diariamente, as suas definições variam consoante o formato e os meios utilizados para a empacotar ou transferir (Rutto, 2011). Os profissionais das ciências da informação concordam que a mera presença de informação não garante o seu acesso e utilização efectivos. Mi & Nesta (2006) revelaram que os profissionais se sentem frustrados na sua procura de informação relevante e necessária. A frustração resulta do facto de um grande número de variáveis complexas e em interação poderem influenciar o processo de procura de informação.

De Jager (2007) define a necessidade de informação como o desejo de um indivíduo ou de um grupo de localizar e obter informação para satisfazer uma necessidade consciente ou inconsciente. Ikoja-Odongo e Mostert (2006) observaram ainda que a necessidade de informação é o reconhecimento da existência de incerteza na vida pessoal ou profissional do indivíduo. Assim, uma vez reconhecida a existência de incerteza na sua vida profissional, esta pode transformar-se numa necessidade de informação. A incerteza existente no indivíduo desencadeia a procura de informação, quer imediatamente, quer numa fase posterior, numa tentativa de lidar com a incerteza (Anderson, 2006; Yoon, 2007).

Diferentes profissionais da informação definem a necessidade de informação em termos de quando surge o problema e para satisfazer uma necessidade consciente ou inconsciente. Segundo Foster (2005), a necessidade de informação é o desejo de um indivíduo ou grupo de localizar e obter informação para satisfazer uma necessidade consciente ou inconsciente. Preez (2008) concluiu que as necessidades de informação estão relacionadas com problemas e que uma questão importante é a forma como os problemas são compreendidos, delimitados e formulados.

2.1.2. Comportamento de procura de informação

Depois de analisar o significado de informação, é necessário definir a procura de informação. Hearst (2009) descreveu que a procura de informação é um caso especial de resolução de problemas. Inclui o reconhecimento e a interpretação do problema de informação. Dobrowolski (2007) acrescentou que a procura de informação consiste em estabelecer um plano de pesquisa, efetuar a pesquisa, avaliar o resultado e, se necessário, repetir o processo. A forma como os indivíduos procuram os materiais de que necessitam para satisfazer as suas necessidades de informação. No entanto, o processo do ciclo de vida da procura de informação é iterativo até que a lacuna de informação seja satisfeita.

O comportamento informacional (CI) é a totalidade do comportamento humano (intencional e não intencional) em associação com fontes e canais de informação, enquanto a procura de informação é um comportamento humano intencional e a pesquisa de informação é a interação de uma pessoa com um sistema de informação (Wilson, 2008).

O comportamento de procura de informação refere-se à forma como as pessoas procuram e utilizam a informação. Na maior parte das vezes, o comportamento de procura de informação dos estudantes envolve uma procura de informação ativa ou intencional, em resultado da necessidade de concluir os trabalhos do curso, preparar-se para debates nas aulas, seminários, workshops, conferências ou escrever trabalhos de investigação de fim de curso (Nkomo et al., 2010). Um conceito relacionado é fornecido por Gorge (2006), que revela que o comportamento de procura de informação dos estudantes licenciados é iterativo e torna-se mais refinado e organizado à medida que se tornam mais conhecedores da sua área de investigação. Também observou que a procura de informação é influenciada por uma série de factores. Preez (2008) indicou que, por detrás do comportamento de procura de informação na Web, existiam três componentes, nomeadamente fontes de informação, canal de informação na Web e consciência da informação.

Outros estudiosos definem o comportamento de procura de informação como a procura intencional de informação por parte dos indivíduos em consequência da necessidade de satisfazer alguns objectivos (Kakai et al., 2004; Wilson, 2008; Mustaffa et al., 2012). No decurso da procura de informação, o indivíduo pode interagir com sistemas de informação manuais, como o índice de assuntos, ou com sistemas baseados em computador, como a World Wide Web (Kari, 2004).

Preez (2008) afirmou que o resultado ótimo da utilização da informação é que a necessidade de informação é satisfeita e os profissionais realizam a tarefa em questão. No entanto, existe a possibilidade de o resultado da procura de informação não satisfazer a necessidade de informação e ser necessário procurar mais informação. Assim, o resultado da procura de informação não é um evento unidimensional, e a procura de informação não é uma ocorrência linear.

Com o advento das necessidades e da procura de informação, foram propostos diferentes modelos de investigação para identificar as etapas envolvidas neste processo, como o modelo padrão, o modelo cognitivo e o modelo dinâmico (Hearst, 2009). Dobrowolski (2007) revelou que as teorias, modelos e avaliações da procura de informação foram geralmente desenvolvidos com base em amostras relativamente pequenas e, por vezes, não representativas; o que as pessoas pensavam que faziam e não o que realmente faziam. Como Turnbull (2005) salienta, um número significativo de modelos e teorias baseia-se em suposições ou em estudos de menor escala sobre as necessidades e a procura de informação dos utilizadores. Para Martzoukou (2005), são necessários métodos qualitativos e quantitativos para produzir uma visão global do comportamento de procura de informação, de modo a obter uma imagem completa do resultado. O quadro teórico também teria de compreender holisticamente e generalizar o resultado do comportamento de procura de informação na Web. Deltor (2003) formulou um modelo geral de utilização da informação sobre a forma como os indivíduos necessitam, procuram e utilizam a informação, que salienta pontos-chave de várias teorias do comportamento da informação.

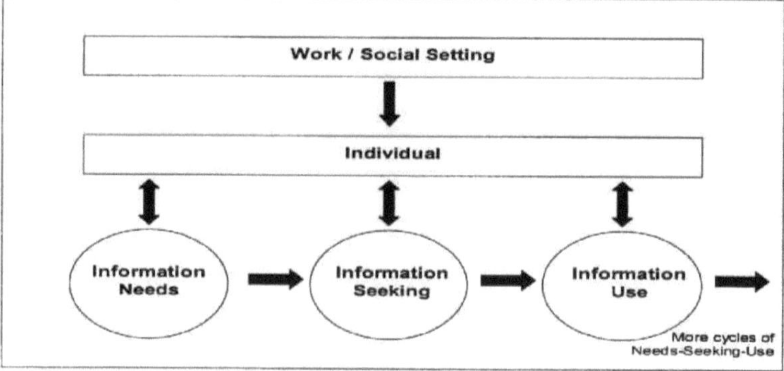

Figura 1: Modelo geral de informação

2.1.3. Comportamento de procura de informação na Web

Nkomo (2009) salientou que, embora a procura de informações tenha uma longa história e uma popularidade crescente na Web, a procura de informações na Web é um fenómeno relativamente recente. Uma breve análise da literatura existente indica que existem muito poucas definições de comportamento de procura de informação na Web.

Fourie (2003) explica a procura de informação e a pesquisa de informação como termos que pertencem a um campo mais vasto de estudos dos utilizadores, e a procura de informação na Web como parte da procura de informação. Salienta ainda que a procura de informação na Web é entendida como o processo em que os seres humanos se empenham em alterar propositadamente o seu estado de conhecimento utilizando informação na Web, enquanto o comportamento de procura de informação na Web representa as acções e a conduta dos utilizadores enquanto procuram informação especificamente alojada na Web. Nkomo (2009) define o comportamento de procura de informação na Web como o processo ativo de obtenção de dados a partir da Web. Esta definição simples decorre da noção de que qualquer atividade em que um indivíduo se envolve na Web é uma forma de comportamento de procura de informação.

Hearst (2009) declara que a Web é uma interface com a qual um utilizador interage para procurar informação, para procurar alternativas e, finalmente, para concluir a transação ou passar para outro sítio Web. Tendo em conta a importância da Web como recurso de informação, bem como a sua centralidade na sociedade da informação, muitos investigadores da procura de informação e do comportamento informacional estão a examinar diferentes aspectos das interacções que ocorrem entre um utilizador e a Web. A Web já estabeleceu a sua importância para o acesso a bases de dados académicas no ensino e na investigação no ensino superior (Kelly, et al., 2005). Além disso, White (2006) indicou que a World-Wide Web é uma das ferramentas mais acessíveis disponíveis para os utilizadores no ensino superior porque é uma forma fácil de publicar material e tem uma curva de aprendizagem baixa. A maioria dos seus navegadores é gráfica e de fácil utilização e, acima de tudo, é gratuita para a maioria das pessoas.

2.1.4. Canal de informação da Web

Boyd (2004) define canal de informação como o meio ou a fonte através da qual os que procuram informação encontram e acedem à informação. Refere ainda que a Web é composta por uma série de canais de informação que alojam vários recursos em linha que os estudantes e o pessoal podem utilizar como fonte de informação. Existem diferentes canais de informação. Ge (2010) concluiu que os canais de informação da Web são o correio eletrónico, as redes sociais, os sítios Web, o FTP e o OPAC, as revistas electrónicas, as bases de dados e os portais Web.

Junni, (2007) indicou que a Internet é um meio atrativo para procurar e obter informações, pelas seguintes razões - a Internet está acessível vinte e quatro horas por dia, encontrar e obter informações de forma relativamente rápida e conveniente e mais actualizada do que as fontes em formato de papel. O relatório da União Internacional das Telecomunicações (UIT) mostrou que, em 2012, o número de utilizadores globais da Internet atingiu quase 2,3 mil milhões. Isto mostra como a Web cresce rapidamente e se torna uma importante fonte de informação para o desenvolvimento socioeconómico do mundo.

2.2. Literatura empírica

2.2.1. Comportamento de procura de informação na Web e ensino superior

Com a sua disponibilidade para o ensino superior a partir do final dos anos 80 e início dos anos 90, a Internet tornou-se essencial para as funções de ensino, investigação e serviço do ensino superior (Fortin, 2000). Limberg e Sundin (2006) observaram que várias práticas de procura de informação desempenham um papel central nas universidades. Este aspeto é importante na medida em que o meio académico assiste a uma mudança de ênfase do professor para os alunos, para uma mudança de paradigma em que o aluno é um agente ativo que faz perguntas, procura informação e discute ideias com outros. Milkyas (2012) descobriu que os objectivos da utilização da Internet pelo corpo docente foram colocados na seguinte ordem: - procurar informações para a sua investigação, melhorar os conhecimentos pedagógicos, preparar material didático, procurar bolsas de estudo, melhorar os conhecimentos de investigação e ensinar nas aulas, respetivamente.

Junni (2007) efectuou uma investigação intitulada: "Estudantes que procuram informação para as suas teses de mestrado: O efeito da Internet". Os métodos de recolha de dados foram listas de referência de teses de mestrado, seguidas de entrevistas semi-estruturadas aos estudantes. Os dados foram analisados com ANOVA, a fim de determinar se existiam diferenças significativas entre os domínios e alterações nos padrões de citação. Os resultados mostraram que existiam diferenças significativas entre os métodos de procura, recuperação e utilização de fontes de informação dos inquiridos entre as disciplinas.

Nkomo (2009) mostrou que a Web é uma plataforma em que as pessoas no meio académico passaram a confiar diariamente na Internet. O pessoal universitário afirma que a Web é a sua primeira escolha como fonte de informação para satisfazer as suas necessidades de informação. Do mesmo modo, Milkyas (2012) observou que um grande número de professores (47%) utiliza a Internet várias vezes por dia para resolver problemas e satisfazer as suas necessidades. Martin (2008) explica que a Internet substituiu as obras de referência como fonte de informação de base para os estudantes que iniciam uma investigação de revisão da literatura ou outro trabalho de curso. E embora muitos estudantes de pós-graduação consultem a Internet em primeiro lugar, alguns estudos observam que os estudantes reconhecem que as fontes recuperadas da Internet são as menos fiáveis e contribuem para a sobrecarga de informação (George et al., 2006) e alguns estudantes consultam referências fornecidas pelos professores após o facto (Korobili et al., 2011). Junni (2007) constatou que a maioria dos estudantes não gostava de utilizar a Web para efetuar pesquisas. Estes estudantes consideravam que podiam encontrar facilmente recursos mais fiáveis nas bases de dados fornecidas pela biblioteca.

Catalano (2013) constatou que tanto o pessoal académico como os estudantes de pós-graduação tendem a começar a sua investigação pela Internet. Enquanto os académicos são mais propensos a consultar fontes mais autorizadas e relevantes para as suas necessidades, muitos estudantes de pós-graduação reconhecem a falta de fiabilidade da Internet. Além disso, revelou que os utilizadores regulares da Internet preferem os motores de busca às bases de dados. Por outro lado, os estudantes licenciados preferem aceder a livros electrónicos ou a artigos de revistas. Revelou também que as bases de dados por assinatura continuam a ser utilizadas pelos estudantes licenciados para satisfazer as suas necessidades de informação académica. Nkomo (2009) constatou que tanto o pessoal académico como os estudantes recorrem sobretudo a motores de pesquisa, sítios Web e correio eletrónico, respetivamente. Por conseguinte, alguns canais de informação são geralmente considerados essenciais na procura de informação, enquanto outros são ignorados ou subutilizados.

Kayongo e Helm (2010) constataram que as bases de dados por assinatura continuam a ser utilizadas pelos estudantes licenciados, embora Nokomo (2009) tenha revelado que tanto o pessoal académico como os estudantes da Universidade de Zululand e Durban preferem os motores de pesquisa às bases de dados.

Os utilizadores devem ter literacia da informação para poderem utilizar os diferentes canais de informação da Web de forma eficaz e eficiente para fins académicos. Como Baro e Fyneman (2008) observaram, a literacia da informação é importante, especialmente nesta era, porque nos permite lidar com a situação, dando-nos as competências necessárias para saber quando precisamos de informação e onde localizá-la de forma eficaz e eficiente. No entanto, Dadzie (2009) afirma que alguns estudantes que entram nas faculdades e universidades têm um conhecimento limitado das competências fundamentais de investigação e informação para preencher a lacuna de competências de literacia da informação.

Para realçar o efeito da formação em literacia da informação, Long e Shrikhand (2007) compararam os trabalhos escritos por um grupo de controlo com os que receberam formação em literacia da informação e encontraram diferenças estatisticamente significativas entre os dois grupos. Os estudantes licenciados tinham mais probabilidades de possuir competências de literacia da informação e estavam mais conscientes da qualidade dos recursos. Assim, o conhecimento prévio tem uma forte relação com os comportamentos de procura de informação. Por exemplo, Khosrowjerdi e Iranshahi (2011) encontraram uma relação estatisticamente significativa entre a experiência anterior na utilização de fontes e o julgamento de relevância e o esforço exercido na procura de informação.

Como refere Adeogun (2006), o objetivo da literacia da informação (LI) no ensino é ajudar os estudantes a desenvolver o pensamento crítico e as competências analíticas de que necessitam para transformar a informação em conhecimento. Yared (2010) também indicou que a literacia da informação é uma ferramenta que as bibliotecas universitárias na Etiópia devem otimizar para melhor utilizar a informação eletrónica de acesso livre. Para tal, a formação em literacia da informação é entendida como uma componente necessária para criar o acesso e a melhor utilização dos recursos de informação eletrónica pelas comunidades académicas. A fim de prestar assistência adequada aos utilizadores e permanecer relevante na ordem emergente da informação, Omekwu (2006) recomenda que os bibliotecários e os profissionais da informação, especialmente nos países em desenvolvimento, se reposicionem. A forma habitual ou tradicional de tratamento da informação, a gestão e as orientações de serviço estão a ser radicalmente desafiadas e, em alguns casos, ultrapassadas. Observa ainda que, nos países desenvolvidos, o conceito de "acesso fácil e simples a uma variedade de informações, independentemente do tempo, do local e das disciplinas" já é uma realidade prática e que as abordagens dos serviços das bibliotecas académicas foram reconstruídas com base em fortes alicerces da tecnologia da informação.

Mostofa (2013) indicou que a maioria dos membros do corpo docente da universidade paquistanesa procurava informação para fins de ensino, ou seja, para preparar as aulas, para investigação e para pesquisar artigos de revistas. O estudo também concluiu que o obstáculo à pesquisa de informação por parte dos estudantes licenciados era o conhecimento dos recursos, o acesso aos recursos e a capacidade de pesquisa.

Junni (2007) efectuou um estudo com estudantes que procuravam informações para a sua tese de mestrado sobre o efeito da Internet. O estudo revelou que, em média, os inquiridos não estavam interessados em pesquisar na Web através de motores de pesquisa gerais, uma vez que não pensavam encontrar material de qualidade e a pesquisa demorava muito tempo. No entanto, alguns inquiridos responderam que a informação na Web era de grande importância para eles. O principal desafio identificado pelo estudo foi a fraca capacidade de recuperação de informação em linha e a falta de assistente técnico.

2.2.2. Utilização da Internet na Etiópia

Kinfe (2014) indicou que África é o segundo maior continente, a seguir à Ásia, em termos de dimensão e de população. No entanto, o número de utilizadores da Internet em comparação com outros continentes é muito inferior (8,6%) e a sua taxa de penetração é de 21,3%. A Etiópia está entre os países com o nível mais baixo de penetração e utilização da Internet. Segundo a World Internet Stats de 2014, a Etiópia tem apenas 1,9% de penetração da Internet. As políticas de Internet da Etiópia fazem parte da política mais alargada do país em matéria de tecnologias da informação e da comunicação (TIC). A primeira política etíope em matéria de TIC foi redigida e apresentada ao Conselho de Ministros (CdM) em 2002. Há muitos progressos a fazer no que respeita ao estado da elaboração da política da Internet na Etiópia.

A ECSU foi criada com a missão de reforçar as capacidades do sector público através da educação, formação, investigação, consultoria e serviços de certificação profissional. Para cumprir a missão da universidade, o serviço de Internet da universidade está a aumentar progressivamente com o aumento do número de utilizadores e a expansão dos programas da universidade.

Atualmente, os nossos três campus estão interligados através de cabo de fibra ótica e SSL-VPN. O serviço de tecnologia da Internet fornece serviços rápidos de Internet de banda larga com uma capacidade de 100 MBps apenas no campus principal e um total de 155 MBps para toda a universidade. Além disso, está implantada uma enorme ligação à Internet sem fios em todo o campus, com 100 pontos de acesso (com o seu controlador sem fios) que estão instalados em todos os cantos da universidade, principalmente nos dormitórios dos estudantes e na biblioteca. Estão a funcionar mais de 20 laboratórios de informática. Estes laboratórios de informática destinam-se principalmente à navegação na Internet, à pesquisa em diferentes bases de dados académicas e a serviços de aprendizagem eletrónica (http://www.ecsu.edu.et).

2.2.3. Género e comportamento de procura de informação

Esta secção explora as diferenças de género no comportamento de procura de informação na Web de uma forma que questiona a equivalência habitualmente assumida entre sexo e género. O género é entendido como um fenómeno social com uma ordenação social e estrutural fundamental de homens e mulheres na sociedade (Ajiboye e Tella, 2007). A este respeito, consideram que os homens e as mulheres não têm de agir de forma diferente, mas que as mulheres têm de se adaptar a condições estruturais e culturais em que não têm o mesmo estatuto que os homens.

As diferenças de género nos comportamentos de procura de informação na Web suscitaram um interesse considerável no meio académico (Hupfer e Deltor, 2006). Liu e Huang (2008) descobriram que os leitores do sexo masculino têm um maior sentimento de satisfação com a leitura em linha. Por outro lado, Thanuskodi (2013) concluiu que as diferenças entre homens e mulheres na procura de informação na Internet parecem persistir, uma vez que as mulheres se dedicam mais ao correio eletrónico, à conversação e à pesquisa de materiais de referência sobre informações médicas e governamentais, enquanto os homens tendem a concentrar-se em informações sobre investimentos, compras e interesses pessoais.

Maghfeart e Stock (2010) fornecem dados empíricos sobre as diferenças nas actividades de procura de informação por parte de estudantes do sexo feminino e masculino de ciências da informação. Para a recolha de dados, foram utilizados questionários em papel e as respostas foram analisadas estatisticamente com a ajuda do SPSS. Os resultados revelaram que os homens tentaram utilizar serviços de informação profissionais, bem como motores de busca para efetuar pesquisas, independentemente da dificuldade da tarefa de pesquisa e da sua formulação. Em contrapartida, as mulheres comportaram-se de forma cautelosa na escolha das fontes de pesquisa e ficaram mais satisfeitas com os resultados obtidos do que os homens.

Steinerova e Susol (2007) realizaram uma investigação sobre o comportamento dos utilizadores em matéria de informação - uma perspetiva de género e concluíram que a utilização da Internet como primeiro recurso é ligeiramente mais dominante nos homens. A utilização do OPAC e das obras de referência foi confirmada mais fortemente pelas mulheres. Verificaram ainda que 89,5% das mulheres utilizavam bases de dados para as suas pesquisas, em comparação com 69,2% dos homens, o que representa uma diferença estatisticamente significativa. Em termos de método de estudo, Al-Muomen, et al. (2012) utilizaram um inquérito por questionário e uma entrevista semiestruturada para investigar o comportamento de procura de informações na Web no que diz respeito à diferença de género.

2.2.4. Satisfação do utilizador com a procura de informação na Web

A satisfação com a procura de informação na Web foi definida para este estudo de investigação como a visão do pessoal académico e dos estudantes de pós-graduação sobre o desempenho de um sistema de informação e o seu estado de espírito.

Devi e Singh (2009) efectuaram uma avaliação da atitude dos utilizadores da Internet, tendo em conta a satisfação com a utilização da Internet por parte dos investigadores da biblioteca da Universidade de Manipur, na Índia. Os resultados indicaram que a maioria dos utilizadores está satisfeita com a disponibilidade de informação na Internet. O documento indica ainda que a maioria dos inquiridos está satisfeita com o serviço prestado pela biblioteca da Universidade de Manipur. Uma investigação semelhante realizada por Fasae e Aladeniyi (2012) revelou que a baixa velocidade de acesso à Internet foi o principal problema encontrado pelos inquiridos. Em geral, a maioria dos inquiridos está satisfeita com a utilização dos serviços da Internet. Junni (2007) também constatou que os estudantes não estavam satisfeitos com a quantidade de formação em matéria de procura de informação que tinham recebido da sua universidade. Parece haver uma clara necessidade de mais formação sobre a pesquisa eficaz e a recuperação de informações na Web para fins académicos.

Rafiq e Ameen (2009) realizaram uma investigação sobre o comportamento de procura de informação e a satisfação dos utilizadores dos instrutores universitários no Paquistão, na National Textile University. O estudo revelou que os instrutores estavam menos satisfeitos com a utilização do catálogo eletrónico, com as instalações da biblioteca na Internet e com a abrangência do sítio Web da biblioteca. Bruce (2007) refere que não existem diferenças significativas no nível de satisfação com a procura de informação entre os académicos que frequentaram um curso de formação sobre a Internet e os que não o fizeram.

Estes dados revelaram que a formação oferecida pela universidade não satisfazia as necessidades dos formandos e não resolvia as suas lacunas problemáticas.

2.2.5. Desafios no comportamento de procura de informação na Web

Vários desafios foram identificados por diferentes investigadores sobre o obstáculo da pesquisa eletrónica em linha. O principal desafio no processo de procura de informações na Web foi identificado da seguinte forma

> Recursos infra-estruturais inadequados (laboratórios de informática e computadores), falta de competências por parte do inquirido e falta de acesso a instalações informáticas, ligação à Internet lenta e restrição de acesso e não subscrição de algumas revistas úteis (Nkomo, 2009).

> Falta de acessibilidade, problemas de usabilidade, sobrecarga de informação e falta de sensibilização (Ge, 2010)

> A velocidade lenta de acesso à Internet foi indicada como o obstáculo mais grave enfrentado pelos professores e estudantes (Kaur e Kumar, 2006)

> As deficientes infraestruturas de comunicação, a baixa largura de banda e as frequentes falhas na rede, o baixo nível de literacia da informação e os recursos inadequados das TIC foram identificados como os principais problemas (Daniel, 2011).

> Os principais problemas dos alunos foram identificados na literacia informática e na utilização de recursos em linha (Griffiths e Brophy, 2005).

> Os principais problemas para os académicos e estudantes são as restrições de acesso, a lentidão da ligação à Internet, a escassez de revistas académicas subscritas e o baixo nível de literacia da informação (Nkomo, et al., 2011)

Enquadramento concetual

O quadro concetual foi derivado principalmente da revisão da literatura acima referida. O investigador também tentou adaptar um modelo geral de utilização da informação (Deltor, 2003). O processo global foi apresentado resumidamente no diagrama seguinte.

Figura 2: Quadro concetual
O quadro concetual baseia-se na necessidade de informação na Web, no canal Web preferido, no nível de satisfação com a utilização da Web e nos desafios enfrentados na procura de informação na Web para satisfazer as necessidades académicas dos estudantes de pós-graduação e do pessoal académico da ECSU.

Capítulo 3

3. MÉTODOS DO ESTUDO

Este capítulo aborda a metodologia de investigação utilizada no estudo, incluindo a localização e a descrição das áreas de estudo, os tipos de dados e as fontes de dados, os métodos de amostragem, os métodos de recolha e análise de dados.

3.1. Descrição da área de estudo

A ECSU começou a funcionar em 1995, mas foi formalmente criada em fevereiro de 1996 como instituição autónoma com estatuto jurídico pelo Regulamento n.º 3/1996 do Conselho de Ministros. A Universidade é constituída por dois campus, nomeadamente o campus principal e o Instituto de Estudos de Desenvolvimento Urbano, situados em Adis Abeba, especificamente na CMC Road e na zona de Koteb, respetivamente. A capacidade anual de admissão de estudantes da ECSU em todos os programas atingiu os 4200 alunos no ano académico de 2013/2014. Além disso, a universidade conta com mais de 1390 membros do pessoal académico, administrativo e de apoio, proporcionando uma grande variedade de oportunidades para indivíduos com formações diversas (Departamento de Recursos Humanos da ECSU).

A ECSU contribuiu imensamente para o reforço das capacidades dos funcionários públicos através do ensino, da formação, da investigação e da consultoria. A ECSU tem seis institutos, nomeadamente o Instituto de Estudos de Desenvolvimento Urbano, a Administração Fiscal e Aduaneira, a Diplomacia e Relações Internacionais, os Estudos de Política Pública e o Instituto de Estudos de Gestão Pública. Cada instituto oferece programas de mestrado e de licenciatura. Além disso, a universidade organizou uma escola de pós-graduação que executa o programa de doutoramento (sítio Web oficial da ECSU, http//www.ecsu.edu.et).

O Centro de Tecnologias da Informação presta apoio direto às actividades de ensino-aprendizagem e investigação da Universidade. Atualmente, a ECSU tem mais de 2000 pontos de acesso à Internet com fios e seis zonas sem fios. A largura de banda da Internet da ECSU atingiu os 100 Mbs e custa à universidade 2,5 milhões de birr etíopes por ano (ECSU Information Technology Service Office, 2014). As bibliotecas e o centro de informação são uma das secções académicas que apoiam a missão das universidades, fornecendo recursos impressos e digitais aos utilizadores. A biblioteca disponibiliza atualmente mais de 10 000 revistas académicas acessíveis através do programa INASP (Ethiopian Civil Service University, 2013).

3.2. Conceção da investigação

A metodologia utilizada pelo investigador foi uma conceção de investigação de método misto, utilizando abordagens quantitativas e qualitativas para atingir os objectivos da investigação. Este método complementar de conceção foi utilizado para obter uma visão mais aprofundada e uma imagem completa do pessoal académico e dos estudantes de pós-graduação da universidade (ECSU) sobre o seu comportamento de procura de informação na Web.

Os dados para esta investigação provêm de fontes primárias e secundárias. Os dados primários foram recolhidos utilizando dois instrumentos de recolha de dados diferentes: questionários de inquérito e entrevistas semi-estruturadas. O questionário do inquérito, composto por perguntas abertas e fechadas, foi concebido sobre questões diretamente relacionadas com os objectivos da investigação. Foram realizadas entrevistas semi-estruturadas com alguns dos inquiridos para obter informações adicionais, bem como pontos de vista aprofundados sobre o tema investigado. As fontes secundárias de dados incluíram trabalhos anteriores, tais como relatórios, livros, jornais, revistas, fontes electrónicas e registos de vários gabinetes da ECSU. Foram utilizados vários instrumentos de recolha de dados para permitir a verificação cruzada dos dados quanto à sua validade, fiabilidade e coerência.

3.3. Descrição da população

A população-alvo deste estudo foi o pessoal académico e os estudantes de pós-graduação da ECSU. A população-alvo era de 1380 estudantes de pós-graduação e estavam registados 290 funcionários académicos (ECSU Registrar Office, 2013).

3.4. Métodos de amostragem

Neuman e Flick (2006) indicaram que a amostragem pode ser dividida em dois tipos, nomeadamente a amostragem probabilística ou não probabilística. Alguns académicos também os dicotomizam como métodos aleatórios ou não aleatórios. A direção tomada na amostragem ou a decisão de utilizar técnicas de amostragem aleatórias ou não aleatórias, abordagens quantitativas ou qualitativas, é influenciada pela metodologia de investigação adoptada ou seguida (Australian Bureau of Statistics, 2004).

Este estudo utilizou uma técnica de amostragem aleatória estratificada proporcional, seguida de uma técnica de amostragem aleatória simples em função do sexo e do estatuto para os questionários do inquérito. A técnica de amostragem acima referida foi selecionada porque a população-alvo era, de alguma forma, heterogénea e variada em número. Kothari (2004) referiu que a dimensão da amostra não deve ser nem excessivamente grande nem demasiado pequena, deve ser óptima. Uma amostra óptima é aquela que preenche os requisitos de eficiência, representatividade e fiabilidade.

Para a investigação qualitativa, o estudo utilizou a técnica de amostragem intencional. Como Neuman (2006) observou, a investigação qualitativa preocupa-se menos com questões de dimensão da amostra e mais com a riqueza e a textura.

Burns e Bush (2003) indicaram como regra geral determinar uma amostra superior a 30 para garantir ao investigador o benefício do limite central. Uma amostra de 500 garante que os erros amostrais não excederão 10% do desvio padrão. Dentro destes limites (30 a 500), recomenda-se a utilização de uma amostra com cerca de 10% do tamanho da população-mãe. Por conseguinte, o investigador decidiu retirar 15% da amostra (207) da população-alvo de estudantes de pós-graduação (1380) e 43 da população-alvo de pessoal académico (290). A dimensão da amostra foi preparada com base na técnica de amostragem aleatória estratificada proporcional.

Quadro 1: Categorias de utilizadores, população e amostras do estudo

Não	Categoria de utilizador	População		Objetivo Dimensão da amostra (15%)		Taxa de amostragem 86,4%		Resposta
		Sexo	Total	Sexo	Total	Sexo		Total
		F	M		F	M		F	M	
1	Pessoal académico	55	235	290	9	35	44	8	34	42
2	Pós-graduação	284	1986	1380	42	165	207	39	135	i 174

3.5. Recolha de dados

Os instrumentos de recolha de dados normalmente utilizados num inquérito consistem em questionários de inquérito auto-administrados e entrevistas semi-estruturadas. Como já foi referido, neste estudo foram utilizados questionários de inquérito e entrevistas semi-estruturadas.

Os questionários foram úteis para recolher facilmente dados tanto do pessoal académico como dos estudantes de pós-graduação. O estudo construiu escalas do tipo Likert ou de frequência que utilizam formatos de resposta de escolha fixa e foram concebidas para medir as opiniões do pessoal académico e dos estudantes de pós-graduação. A escala de Likert é o método de escalonamento mais utilizado nas ciências sociais (McLeod, 2008). Além disso, o estudo também utilizou entrevistas semi-estruturadas que são amplamente utilizadas para obter dados do pessoal académico e dos estudantes de pós-graduação. As entrevistas semi-estruturadas foram utilizadas para complementar o questionário do inquérito.

3.6. Análise de dados

O estudo utilizou métodos mistos de investigação e foi dada ênfase aos métodos qualitativos e quantitativos de recolha de dados. O questionário do inquérito foi codificado e tabulado para facilitar a parte da análise.

Relativamente ao método quantitativo, todos os dados obtidos foram analisados utilizando o Statistical Package for Social Science (SPSS), versão 20. A apresentação foi feita utilizando a tabela de frequências, a percentagem e a média para descrever o comportamento de procura de informação do pessoal académico e dos estudantes de pós-graduação. O teste do qui-quadrado e o teste T independente foram utilizados para testar os resultados da estatística descritiva.

Foi realizado um estudo qualitativo com recurso a entrevistas semi-estruturadas numa amostra de pessoal académico e de estudantes de pós-graduação da ECSU. Os dados qualitativos obtidos a partir do questionário aberto e das entrevistas semi-estruturadas foram analisados, interpretados e posteriormente apresentados. As entrevistas semi-estruturadas foram utilizadas para complementar os dados recolhidos quantitativamente através do questionário.

3.7. Controlo da qualidade dos dados

É importante ter em consideração a fiabilidade e a validade dos instrumentos de investigação ao realizar qualquer investigação. O objetivo do pré-teste era verificar a clareza das perguntas e modificá-las com base no feedback recebido.

Para pré-testar o questionário do inquérito, o investigador seleccionou três inquiridos e entregou-lhes os questionários do inquérito para verificar a sua validade e fiabilidade. Durante o teste do questionário, foram feitas alterações essenciais em aspectos como a ordem e a redação das perguntas e algumas perguntas foram simplificadas e reescritas na versão final do questionário do inquérito.

3.8. Considerações éticas

O investigador certificou-se de que os sujeitos estavam cientes do objetivo da investigação e da forma como esta seria conduzida. A participação na investigação foi voluntária, sendo possível desistir em qualquer altura. As informações sobre os sujeitos eram confidenciais, salvo acordo em contrário, através do consentimento informado. Além disso, o investigador garantiu aos participantes que os nomes dos participantes não seriam revelados. Os pormenores específicos ou as referências que poderiam facilmente levar um leitor a deduzir a identidade do participante foram tornados mais genéricos.

Capítulo 4
4. RESULTADOS E DISCUSSÃO

Este capítulo apresenta uma descrição dos resultados obtidos e as discussões correspondentes feitas sobre os resultados em relação às questões de investigação do estudo. O investigador utilizou ferramentas como a média, a frequência, a percentagem, o qui-quadrado e o teste t. A análise qualitativa foi utilizada para apoiar os dados quantitativos.

4.1. Característica demográfica

O Quadro 2 apresenta as características demográficas dos inquiridos da amostra de pessoal académico e estudantes de pós-graduação da ECSU. Relativamente ao questionário do inquérito, dos 207 questionários distribuídos aos estudantes de pós-graduação, foram devolvidos 190 (taxa de resposta de 91,8%). Dos questionários devolvidos, 16 foram descartados devido a informação incompleta. Por conseguinte, foram utilizados na análise 174 questionários. Relativamente às amostras de pessoal académico, foi distribuído um total de 44 questionários. É interessante notar que todos os 44 questionários foram devolvidos, o que representa uma taxa de resposta de 100%. No entanto, apenas 42 questionários foram utilizados para a análise dos dados. Os restantes dois foram descartados por conterem informação incompleta. Além disso, foram realizadas entrevistas com quatro docentes e sete estudantes de pós-graduação. No total, onze inquiridos participaram na entrevista semi-estruturada.

Assim, a maioria dos inquiridos eram estudantes de pós-graduação 174 (81,6%), seguidos do pessoal académico 42 (19,4%). Dos 174 estudantes de pós-graduação, 39 (19,8%) eram do sexo feminino e 135 (80,2%) do sexo masculino. Do mesmo modo, dos 42 membros do pessoal académico, 8 (19%) eram do sexo feminino e 34 (81%) do sexo masculino. Em geral, de um total de 216 inquiridos, a maioria 168 (78,2%) era do sexo masculino e um quinto dos inquiridos era do sexo feminino.

Seis inquiridos (14,3%) do pessoal académico tinham idades compreendidas entre os 22 e os 28 anos e 14 (33,3%) tinham idades compreendidas entre os 36 e os 42 anos. A maioria dos 63 (36,2%) inquiridos de estudantes de pós-graduação tinha idades compreendidas entre os 29 e os 35 anos, seguidos de 53 (30,5%) estudantes de pós-graduação com idades compreendidas entre os 22 e os 28 anos. Cerca de 52 (30,6%) dos estudantes pós-graduados tinham idades compreendidas entre os 36 e os 42 anos. Por outro lado, um pequeno número de 6 (3,4%) dos inquiridos entre os estudantes de pós-graduação tinha mais de 42 anos. Isto indica que a maioria do pessoal académico e dos estudantes de pós-graduação tinha entre 22 e 35 anos de idade.

A amostra de inquiridos dos programas de pós-graduação foi constituída por seis disciplinas, das quais 68 (39,1%), 38 (21,1%), 29 (16,7%), 20 (11,5%), 12 (6,9%) e 7 (4%) eram de estudos de desenvolvimento urbano, administração fiscal e aduaneira, gestão pública e estudos de desenvolvimento, liderança e governação, federalismo e estudos de desenvolvimento jurídico e políticas públicas, respetivamente. A outra variável demográfica era a área de estudo dos estudantes de pós-graduação, e o resultado da amostra mostra que a maioria dos estudantes de pós-graduação 68(39,1%) eram de Estudos de Desenvolvimento Urbano, 38(21,8%), de Administração Fiscal e Aduaneira, 29(16,7%) de Gestão Pública e Estudos de Desenvolvimento e 12(6,9%) de Federalismo e Estudos Jurídicos. Claramente, a distribuição da frequência dos estudantes de pós-graduação dos Estudos de Desenvolvimento Urbano foi mais elevada do que a dos outros institutos.

Tabela 2: Características demográficas do pessoal académico e dos estudantes de pós-graduação (N=42, N=174)

Variável	Categoria	Pessoal académico		Estudantes de pós-graduação	
		Frequência	Percentagem	Frequência	Percentagem
Sexo	Feminino	8	19	39	19.8

	Masculino	34	81	135	80.2
	22 -28	6	14.3	53	30.5
Idade em ano	29-35	9	21.4	63	36.2
	36-42	14	33.3	52	29.9
	>42	13	31	6	3.4
	IPMDS			29	16.7
Institutos	IUDS	-	-	68	39.1
	IFLS	-	-	12	6.9
	PPS	-	-	7	4
	ILG	-	-	20	11.5
	ITCA	-	-	38	21.8

4.2. Preferência de fontes de informação

As tendências dos meios de comunicação social tiveram um enorme impacto no ambiente académico. O meio de informação preferido, neste caso, refere-se às fontes de informação preferidas dos inquiridos para satisfazer as suas necessidades de informação.

O Quadro 3 mostra que, das três variáveis (impressa, eletrónica e impressa e eletrónica), o meio de informação mais preferido, citado pelo pessoal académico, foi a fonte impressa e eletrónica 38 (90,5%), seguida das fontes electrónicas 2 (4,8%) e das fontes impressas 2 (4,8%). Não era de esperar que as fontes electrónicas fossem tão mal classificadas pelo pessoal académico, tendo em conta os milhões de informações acessíveis através da Web. No entanto, durante as entrevistas com o pessoal académico, foi referido unanimemente que este confiava principalmente nos recursos electrónicos em linha para satisfazer as suas necessidades de informação.

O quadro 3 indica igualmente que a maioria dos estudantes pós-graduados, 120 (69%), prefere fontes de informação híbridas (impressas e electrónicas). Seguem-se as fontes electrónicas, com 37 (21,3%), e as fontes impressas, com 17 (9,8%). No entanto, durante as entrevistas com os estudantes pós-graduados, foi referido que a maioria dos inquiridos confiava principalmente nos recursos electrónicos em linha para satisfazer as suas necessidades de informação.

É possível concluir que tanto o pessoal académico como os estudantes de pós-graduação preferem sobretudo fontes de informação híbridas. O meio de informação menos preferido é o formato impresso. Os resultados deste estudo são consistentes com o estudo de Nkomo (2009) que revelou que a maioria (67%) do pessoal universitário da Unizul na África do Sul preferia os meios impressos em conjunto com os meios electrónicos quando procurava informação. O resultado também foi consistente com os resultados da investigação de Rafiq e Ameen (2009) no Paquistão, que revelou que os professores universitários preferiam tanto o formato eletrónico como o impresso para fins pedagógicos e académicos. Os resultados da entrevista também indicaram que não havia diferenças nas preferências de suporte entre os estudantes de pós-graduação e o pessoal académico. Alguns dos docentes referiram como razões para a sua preferência pelas fontes electrónicas a sua conveniência, a facilidade de utilização e a disponibilidade de informação em todas as áreas disciplinares. No entanto, os estudantes pós-graduados referiram que não tinham confiança na sua capacidade de utilizar eficazmente os recursos electrónicos e que tinham de equilibrar essa utilização com os recursos impressos.

Os resultados são consistentes com o trabalho de Junni (2007), que indicou que a maioria dos estudantes não achava que podia encontrar material de qualidade e que a pesquisa demorava muito tempo.

Tabela 3: Preferência das fontes de informação (N=42, N=174)

Fonte de informação	categoria dos inquiridos	
	Pessoal académico	Estudantes de pós-graduação
Contagem % Impressão	2	17
	4.8	9.8
Contagem Eletrónica %	2	37
	4.8	21.3
Imprimir e contar	38	120

Eletrónica %	90.5	69
Contagem Total %	42	174
	100	100

% representa a percentagem

4.3. Método de acesso à Internet

A ECSU dispõe de ligação à Internet com e sem fios para servir principalmente o pessoal académico e os estudantes de pós-graduação. No entanto, existem alguns obstáculos a um acesso optimizado às instalações da universidade (laboratório de informática), especialmente para os estudantes de pós-graduação.

Como mostra o Quadro 4, a maioria do pessoal académico 21(50%) acedia à Internet através de um terminal de escritório com fios. Seguiam-se os inquiridos que acediam à Internet através de um terminal de escritório com fios e de um terminal de escritório sem fios 8(19%). Um pequeno número de inquiridos, 8 (19%), utilizava tanto o terminal de escritório com fios como o acesso sem fios em casa. Os resultados indicam claramente que a maioria do pessoal académico que utilizou o terminal de acesso à Internet com fios da ECSU para satisfazer as suas necessidades de informação. O resultado foi corroborado por Ani et al. (2010), segundo os quais o pessoal académico da Nigéria podia aceder à Internet nos seus gabinetes e na biblioteca da universidade, respetivamente. No que diz respeito aos estudantes pós-graduados, 73 (42%) inquiridos utilizavam o laboratório de informática com fios, seguidos de 69 (39,7%) inquiridos que utilizavam tanto o laboratório de informática com fios como o escritório sem fios. Cerca de 15% dos estudantes pós-graduados utilizavam apenas o terminal de acesso sem fios do escritório. É evidente que os laboratórios de informática com fios dominaram as respostas dos estudantes pós-graduados como método de acesso à Internet. Pode concluir-se dos resultados acima que um grande número de pessoal académico e de estudantes de pós-graduação utilizou a ligação à Internet com fios da ECSU para fins académicos. Por outro lado, o terminal sem fios foi sobretudo utilizado pelos estudantes pós-graduados devido à cobertura WIFI disponível na biblioteca e nas residências. Isto é evidente pelo facto de a ECSU fornecer acesso à Internet com fios e sem fios tanto ao pessoal académico como aos estudantes de pós-graduação.

Quadro 4: Método de acesso à Internet (N=42)

categoria dos inquiridos	Método de acesso à Internet	Frequência	Percentagem
Pessoal académico	terminal de escritório com fios	21	50.0
	terminal de escritório com fios e terminal de escritório sem fios	8	19.0

	escritório com fios e casa sem fios	8	19.0
	escritório com fios, escritório sem fios e casa sem fios	5	11.9
	Subtotal	42	100.0
Estudantes de pós-graduação	terminal de escritório com fios	1	.6
	laboratório de informática com fios	73	42.0
	laboratório de informática sem fios	26	14.9
	laboratório de informática com fios e informática sem fios	69	39.7
	computador com fios e computador sem fios e casa sem fios	5	2.9
	Subtotal	174	100.0

4.4. A disponibilidade de informações adequadas na Web

A Web é composta por uma série de canais de informação que albergam vários recursos em linha com os quais o pessoal académico e os estudantes de pós-graduação contam para obter informações adequadas para fins académicos. A partir do conjunto de canais identificados e enumerados no Quadro 5, procurou-se determinar quais os canais da Web em que o pessoal académico e os estudantes de pós-graduação mais confiam.

Tal como se previa, o motor de busca revelou-se extremamente popular. É interessante notar que todo o pessoal académico, 42 (100%), concordou com a adequação das informações obtidas através do motor de pesquisa. Do mesmo modo, a grande maioria dos 165 (94,8%) estudantes de pós-graduação concordou com a adequação das informações obtidas através do motor de pesquisa para fins académicos. Concluiu-se, portanto, que a maioria do pessoal académico e dos estudantes de pós-graduação concorda plenamente com a ideia de que a informação adequada é obtida a partir dos motores de pesquisa, principalmente do Google e dos sítios Web. Em relação a isto, Nkomo (2009) constatou que tanto o pessoal académico como os estudantes confiam sobretudo nos motores de pesquisa, nos sítios Web e no correio eletrónico.

Os resultados da entrevista também indicaram que os motores de pesquisa Google, yahoo e AltaVista foram utilizados por ambos os grupos de inquiridos, mas devido à informação adequada, o Google é o motor de pesquisa mais utilizado pelo pessoal académico e pelos estudantes de pós-graduação. Esta conclusão é semelhante à de Brophy e Bawden (2009), que indicam que o motor de busca Google é mais popular do que outros canais de informação académica.

No que se refere à adequação das informações obtidas nos sítios Web, a maioria dos 32 (70,6%) académicos utilizou-as para fins académicos. Foram obtidos resultados semelhantes entre os estudantes de pós-graduação, com a maioria dos 123 (70,7%) inquiridos a concordar que é obtida informação adequada nos sítios Web. Os resultados do teste do qui-quadrado mostraram que existe uma diferença estatisticamente significativa no nível de concordância em relação à adequação da utilização do sítio Web entre o pessoal académico [$x^2 = 22{,}507$, df= 3. p = **0,000**] e os estudantes de pós-graduação [$x^2 = 106{,}057$, d f= 4. p = **0,000**]. A partir dos resultados estatísticos inferenciais acima apresentados, o investigador pode concluir que a maioria do pessoal académico e dos estudantes de pós-graduação concorda que é possível obter informações adequadas nos sítios Web. Do mesmo modo, o resultado da entrevista indicou que o pessoal académico obteve informações adequadas, em particular a partir do sítio Web das Organizações das Nações Unidas e das Organizações Governamentais, para realizar a investigação (ver Apêndice 7.5).

O quadro 5 indica ainda que quase 31 (74%) dos académicos concordaram com 90 (42%) que a informação adequada provém das redes sociais. Um número menor de 5 (11,9%) académicos discordou da importância das redes sociais. O resultado do teste do qui-quadrado provou que existia uma diferença estatisticamente significativa entre os níveis de concordância em termos de obtenção de informações adequadas a partir das redes sociais entre o pessoal académico [$x^2 = 22{,}048$, df=4, p =**0,000**]. Pode concluir-se que, com base no resultado acima, a maioria do pessoal académico concorda que é possível obter informações adequadas através da rede social (ver Apêndice 7.5).

No que respeita aos estudantes pós-graduados, a maioria dos 89 (69%) concordou que é possível obter informações adequadas através das redes sociais. Cerca de um quarto dos estudantes pós-graduados, 42 (25%), são neutros quanto à adequação das redes sociais. O resultado do teste do qui-quadrado provou que existia uma diferença estatisticamente significativa entre os níveis de concordância em termos de obtenção de informações adequadas a partir da rede social entre os estudantes de pós-graduação [$x^2 = 95{,}598$, df=4, p =**0,000**]. Por conseguinte, pode concluir-se que a maioria dos estudantes pós-graduados concordou que é possível obter informações adequadas através das redes sociais e do correio eletrónico. Os resultados da entrevista também indicam que o pessoal académico utiliza as redes sociais para se divertir e trocar ideias (ver Apêndice 7.5).

O OPAC revelou-se mais impopular entre o pessoal académico do que o motor de busca, os sítios Web e as redes sociais. . Embora quase 19 (45%) dos académicos considerem que é possível encontrar informações adequadas no OPAC. Dezanove (45,2%) das 42 respostas a esta pergunta foram neutras e quase 10% dos inquiridos discordaram da utilização do OPAC. O teste do qui-quadrado também provou que foram observadas diferenças significativas em termos de informação adequada obtida do OPAC entre o pessoal académico [X 2= 14,952, df=3, p=0,002].

No que respeita aos estudantes de pós-graduação, a maioria dos 113 (65%) respondeu que é possível encontrar informação adequada no OPAC. Por outro lado, um quarto dos 44 (25,3%) membros do pessoal académico tinham uma opinião neutra sobre a utilização do OPAC. O teste do qui-quadrado mostrou que havia uma diferença estatisticamente significativa entre os níveis de concordância em termos de informação adequada obtida a partir do OPAC[x^2 = 71,690, df=4, p =**0,000**] (ver Apêndice 7.5).

É possível concluir que a utilização do OPAC se revelou mais popular entre os estudantes de pós-graduação do que entre o pessoal académico. Isto pode sugerir que a utilização da biblioteca está a diminuir, mas também pode indicar que o programa de orientação e instrução da biblioteca oferecido aos estudantes foi ineficaz. Nkomo (2009) revelou que o êxito da pesquisa no catálogo em linha depende das competências informáticas do utilizador e do conhecimento do OPAC.

Como mostra o Quadro 5, a maioria dos docentes e dos estudantes de pós-graduação respondeu que 23 (54,4%) concordavam e 96 (55,1%) concordavam, respetivamente, com a adequação da informação obtida a partir da base de dados académica. Por outro lado, mais de um terço do pessoal académico e dos estudantes de pós-graduação responderam, respetivamente, que 14 (33%) eram neutros e 63 (36,28%) eram neutros em relação à utilização da base de dados académica. Além disso, o resultado do teste do qui-quadrado mostrou que havia uma diferença estatisticamente significativa entre o nível de concordância do pessoal académico que utilizou a base de dados académica para satisfazer as necessidades de informação [x 2= 24,905, df=4, p =**0,000**] e dos estudantes de pós-graduação [x 2= 94,678, df=4, p =**0,000**]. Por conseguinte, o resultado revelou que a maioria do pessoal académico e dos estudantes de pós-graduação concorda que é possível encontrar informação adequada nas bases de dados académicas para fins académicos (ver Apêndice 7.5).

Tabela 5: Grau de concordância com a adequação do canal Web (N=42, N=174)

Canal Web	Categoria dos inquiridos	Fortemente De acordo		De acordo		Neutro		Não concordo		Fortemente Não concordo	
		F	%	F	%	F	%	F	%	F	%
Motor de busca	Pessoal académico	29	69	13	31	0	0	0	0	0	0
	Estudantes de PG	94	54	71	40.8	6	3.4	2	1.1	1	0.6
Sítios Web	Pessoal académico	9	21.4	23	54.8	8	19	2	4.8	0	0
	Estudantes de PG	44	25.3	79	45.4	38	21.8	11	6.3	2	1.1

		F	%	F	%	F	%	F	%	F	%
Rede social	Pessoal académico	14	33.3	17	40.5	6	14.3	4	9.5	1	2.4
	Estudantes de PG	47	27	73	42	42	24.1	8	4.6	4	2.3
OPAC	Pessoal académico	5	11.9	14	33.3	19	45.2	4	9.5	0	0
	Estudantes de PG	53	30.5	60	34.5	44	25.3	14	8	3	1.7
Académico Base de dados	Pessoal académico	5	11.5	18	42.9	14	33.3	4	9.5	1	2.4
	Estudantes de PG	30	17.2	66	37.9	63	36.2	10	5.7	5	2.9

F = Frequência, %= Percentagem, PG= Pós-graduação

4.5. Frequência de utilização da Internet

A Internet desempenha um papel vital no processo de ensino, investigação e aprendizagem. Parte-se do princípio de que o pessoal académico e os estudantes de pós-graduação da ECSU se sentem mais dependentes da Internet para fins académicos. Por conseguinte, esta pergunta dizia respeito à frequência com que os inquiridos utilizam a Internet.

Como se pode ver no quadro 6, a distribuição da frequência de utilização da Internet pelo pessoal académico demonstra que o maior número de pessoal académico, 37 (88,1%), utiliza a Internet diariamente. Do mesmo modo, a maioria dos estudantes pós-graduados, 99 (57%), declarou utilizar a Internet diariamente e 55 (31,6%) acederam à Internet duas vezes por semana. Esta conclusão é corroborada por diferentes estudos que indicam que a maioria do pessoal académico e dos estudantes de pós-graduação acede à Internet diariamente, sobretudo para fins académicos. O resultado acima referido mostrou que o pessoal académico utiliza a Internet com mais frequência do que os estudantes de pós-graduação. O resultado do teste do qui-quadrado também provou que havia uma diferença estatisticamente significativa na frequência de utilização da Internet entre o pessoal académico [X_2= 24,381, df=1, p =**0,000**] e entre os estudantes de pós-graduação [X_2= 25,862, df=3, p =**0,000**]. Isto indica que a maioria do pessoal docente e dos estudantes de pós-graduação utiliza a Internet diariamente. Este resultado confirma os trabalhos de (Milkyas, 2012; Nekom, 2009) que concluíram que um grande número de faculdades e de estudantes utiliza a Internet várias vezes por dia. Além disso, quase todos os entrevistados responderam que era fácil de utilizar, que era facilmente acessível em locais remotos sem intervenção humana e que podiam encontrar informações relevantes com base nas suas necessidades (ver Anexo 7.5).

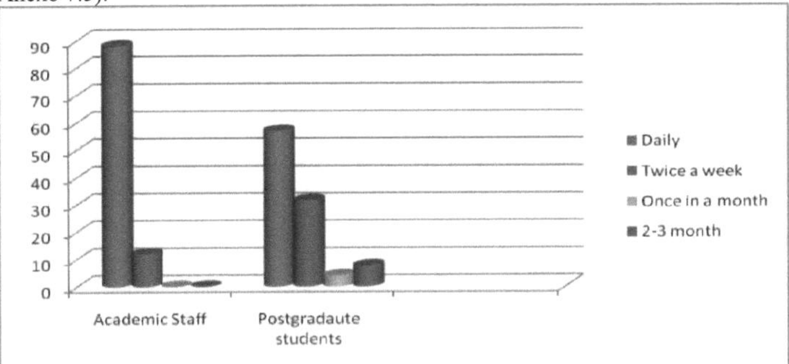

Figura 3: Frequência de utilização da Internet

4.6. Objetivo da procura de informações na Web e frequência de utilização pelo pessoal académico

Um dos principais objectivos do estudo era identificar as necessidades de informação na Web do pessoal académico e dos estudantes de pós-graduação. A Web tornou-se a principal fonte de informação em que o pessoal académico e os estudantes de pós-graduação confiam consideravelmente quando tentam satisfazer as suas necessidades de informação.

O pessoal académico foi questionado sobre o objetivo da sua utilização da informação da Web e a frequência dessa utilização. Como mostra o Quadro 7, a maioria dos inquiridos, 19 (45%) e 8 (19%), utiliza a Web muito frequentemente e frequentemente para fins de ensino, respetivamente. O teste do Qui-Quadrado mostrou que existe uma diferença estatisticamente significativa entre o nível de concordância na utilização da Web para fins de ensino [$/^2$ = 19,667, df=4, p =**0,001**]. O resultado indicou que um número significativo de pessoal académico utilizou a Web para fins de ensino (ver Apêndice 7.5).

A Tabela 7 indica ainda que, embora 5 (11,9%) dos docentes nunca tenham utilizado a Web para fins de investigação, um número significativo de 25 (59,5%) docentes utilizou frequentemente a Web para fins de investigação. A diferença foi considerada significativa no que respeita à frequência de utilização da Web para fins de investigação [Z^2 = 30,551, df=4, p =**0,001**]. O resultado indica que a maioria do pessoal académico utiliza a informação da Web para fins de investigação. Isto está de acordo com o que Milkyas (2012) revelou que os docentes da Universidade de Harmaya utilizam a Internet para fins de investigação.

O quadro 7 mostra claramente que 19 (45,2%) e 8 (19%) dos académicos raramente e muito raramente utilizam a Internet para fins de entretenimento. Enquanto um quarto do pessoal académico, 5 (11,9%) e 7 (16,7%) indicaram que utilizam a Internet para fins de entretenimento com muita frequência e frequência, respetivamente. O resultado do teste do qui-quadrado revelou ser significativa a distribuição da frequência da utilização da Web para fins de entretenimento. [Z^2 = 18,476, df=4, p =**0,001**]. Isto sugere que apenas um pequeno número de pessoal académico, 12 (28,6%), utiliza frequentemente a Web para fins de entretenimento (ver Apêndice 7.5).

O Quadro 7 indica ainda que, na sua maioria, 24 (57,15) e 11 (26,2%) docentes utilizam a Web muito frequentemente e frequentemente para fins de comunicação, respetivamente. Um (2,4%) dos inquiridos nunca utilizou a Web para fins de comunicação. O resultado do teste do qui-quadrado revelou uma diferença significativa na frequência de utilização da Web para fins de comunicação entre o pessoal académico |/~ 44,190, p =4, p=0,000]. O resultado indicou que a maioria do pessoal académico utilizava a Web para fins de comunicação (ver Apêndice 7.5).

Os resultados da entrevista revelaram que o pessoal académico utiliza as redes sociais, o blogue e o serviço de correio eletrónico para fins de comunicação. Também utilizam a Web para trocar ideias e pensamentos num fórum profissional.

A Tabela 7 também mostra que quase metade do pessoal académico, 13 (31%) e 9 (21,4%), respetivamente, responderam como neutros e que nunca utilizaram a Web para procurar informações sobre bolsas de estudo. Foi encontrada apenas uma diferença marginal entre o pessoal académico sobre a utilização da Web para fins de bolsas de estudo [x 2=3,714, df=4, p =0,446]. Um membro do pessoal académico também respondeu a uma pergunta da entrevista da seguinte forma "Utilizo a Internet para procurar bolsas de estudo para prosseguir estudos na área da minha especialização." (Ver Anexo 7.5).

No que diz respeito ao objetivo da utilização da Web para fins de sensibilização geral, a maioria 31(73%)

do pessoal académico procura frequentemente informações para fins de sensibilização geral. A diferença foi considerada significativa no que respeita à frequência de utilização da Web para fins de conhecimento geral [x^2 = 44,190, df=4, p =**0,000**]. Na mesma linha, tal como indicado pelos entrevistadores, alguns membros do pessoal académico utilizam a Web para obter notícias e assuntos relacionados com a atualidade, para auto-aprendizagem, para assistir a programas de e-learning e para ouvir programas de rádio e televisão FM (ver Apêndice 7.5).

Os resultados acima referidos relacionados com o objetivo de utilizar a informação da Web e o comportamento de procura também são parcialmente semelhantes ao trabalho de Milkyas (2012), que concluiu que os docentes utilizam a Internet para efeitos de investigação, melhoria dos conhecimentos pedagógicos, preparação de materiais didácticos e procura de bolsas de estudo.

Quadro 6: Finalidade do pessoal académico na procura de informações na Web (N=42)

Objectivos que procura	Muito frequentemente		Frequência		Raramente		Muito raramente	Nunca	
	F	%	F	%	F	%	F%	F	%
Ensino	19	45.2	8	19	8	19	24.8	5	11.9
Investigação	25	59.5	10	23.8	6	14.3	12.4	0	0
Entretenimento	5	11.9	7	16.7	19	5.2	819	3	7.1
Comunicação	24	57.1	11	26.2	5	11.9	12.4	1	2.4
Procurar uma bolsa de estudo	7	16.7	7	16.7	13	31.0	614 .3	9	21.4
Sensibilização geral	11	26.2	20	47.6	10	23.8	12.4		0

4.7. Objetivo da procura de informação na Web e frequência de utilização pelos estudantes de pós-graduação

Foi perguntado aos estudantes pós-graduados qual o objetivo da sua utilização da informação da Web e a frequência dessa utilização. Como mostra a Tabela 8, a maioria dos estudantes pós-graduados utilizou a Internet com muita frequência 76 (43,7%) e com frequência 83 (47,7%) para os trabalhos das aulas. Por outro lado, um pequeno número de estudantes pós-graduados, 5 (2,9%), nunca utilizou informações da Web para os trabalhos da aula. O resultado do teste do qui-quadrado revelou que existe uma diferença significativa entre os estudantes pós-graduados no que respeita à frequência de utilização da Web para a realização de trabalhos escolares [x 2= 193,011, df=4, p =**0,000**]. Isto mostra que a maioria dos estudantes pós-graduados 159 (91,4%) utiliza a informação da Web para efeitos de trabalho nas aulas. Este resultado está de acordo com o estudo realizado por Nkomo et al. (2010), que concluiu que os estudantes e o pessoal académico procuram informações na Web para realizar trabalhos de curso (ver Apêndice 7.5).

No que diz respeito à distribuição da frequência de utilização da Web para fins de investigação, um grande número de estudantes de pós-graduação, 58(33,3%) e 66(37,9%), responderam que utilizam a Web com muita frequência e frequência, respetivamente. Um pequeno número de inquiridos, 25 (14,4%), raramente utiliza a Web e apenas 21 (12,1%) nunca a utilizam para procurar informações para fins de investigação. O resultado do teste do qui-quadrado provou que havia uma diferença estatisticamente significativa entre os estudantes de pós-graduação no que respeita à frequência de utilização da Web para fins de investigação [x 2= 78,931, df=4, p =**0,000**]. O resultado mostra que a maioria dos estudantes pós-graduados utiliza a informação da Web para fins de investigação. Os resultados da entrevista corroboram esta afirmação: a maioria dos estudantes de pós-graduação de 2nd anos consulta a Internet para realizar projectos, seminários e teses de mestrado (ver Anexo 7.5).

O Quadro 8 indica ainda que quase metade dos estudantes pós-graduados 82(50%) raramente utiliza a Web para fins de entretenimento, seguidos dos que nunca a utilizam 26(15%). A diferença foi considerada significativa quando se calculou o teste do qui-quadrado [Z^2 = 83,184, df=4, p =**0,000**]. Isto revelou que a maioria dos estudantes pós-graduados não utilizava a Web para fins de entretenimento. Do mesmo modo, cerca de 74 (43%) inquiridos dos estudantes pós-graduados raramente consultam a Web para se prepararem para os exames. Seguem-se 51 (29,3%) inquiridos que utilizam frequentemente a Internet para estudar para o exame. Assim, o investigador conclui que os estudantes pós-graduados utilizam a Web com menos frequência para fins de entretenimento e de trabalho nas aulas. Por outro lado, a maioria dos estudantes pós-graduados utiliza a Web para fins de trabalho nas aulas e de investigação. Os resultados confirmam o estudo realizado na África do Sul por Nkomo et al. (2010), que revela que, na maior parte das vezes, o comportamento de procura de informação dos estudantes envolve a necessidade de completar trabalhos do curso, preparar-se para debates nas aulas, seminários e investigação (ver Anexo 7.5).

Tabela 7: Objetivo dos estudantes de pós-graduação na procura de informação na Web (N=174)

Objectivos que procura	Muito frequentemente		Frequência	Raramente		Muito raramente		Nunca	
	F	%	F	%	F	%	F	%	F	%
Trabalho de turma	76	43.7	83	47.7	9	5.2	1	0.6	5	2.9
Investigação	58	33.3	66	37.9	25	14.4	4	2.3	21	12.1

Entretenimento	19	10.9	30	17.2	82	47.1	17	9.8	26	14.9
Comunicação	51	29.3	51	29.3	49	28.2	9	5.2	14	0.8
Estudar para o exame	19	10.9	51	29.3	74	42.5	16	9.2	14	8.0
Sensibilização geral	35	20.1	70	40.2	44	25.3	14	8	11	6.3

%= percentagem F=frequência

4.8. Frequência de utilização do canal Web

A Web é composta por uma série de canais de informação que albergam vários recursos em linha que os estudantes e o pessoal académico podem utilizar para obter informações. O estudo também avaliou a frequência de utilização dos canais Web pelo pessoal académico e pelos estudantes de pós-graduação.

4.8.1. Frequência de utilização do canal Web pelo pessoal académico

A classificação média mostra a frequência com que os canais Web são utilizados e a sua colocação numa ordem sequencial permite saber quais os canais mais consultados pelo pessoal académico. Assim sendo,

A Tabela 9 mostra que a frequência de utilização dos canais Web pelo pessoal académico foi a seguinte (1) motor de pesquisa (2) sítios Web (3) redes sociais (4) base de dados académica (5) OPAC (6) portal temático. Os resultados indicaram que o motor de pesquisa é o canal Web mais frequentemente utilizado. Em contrapartida, o OPAC, a base de dados académica e o portal temático são utilizados com menos frequência, sendo o seu valor médio inferior ao valor médio (média= 2,26). A conclusão também está de acordo com Nkomo (2009), que descreveu que os estudantes e o pessoal académico recorrem sobretudo ao motor de pesquisa, aos sítios Web e ao correio eletrónico.

Quadro 8: Frequência de utilização do canal Web pelo pessoal académico (N=42)

Canal Web	Mínimo	Máximo	Média	Std. Desvio
Motor de busca	2	3	2.93	.261
Sítios Web	2	3	2.62	.492

			2.50	.552
Redes sociais	1	3	2.50	.552
OPAC	1	3	1.81	.552
Base de dados académica	1	3	1.93	.640
Assunto Portal	1	3	1.79	.682
Média	1.00	3.00	2.26	.529

4.8.2. . Frequência de utilização do canal web pelos estudantes de pós-graduação

O estudo avaliou a frequência com que os estudantes de pós-graduação utilizam os canais Web. O resultado é apresentado na Tabela 10. Assim, a frequência de utilização dos canais Web foi a seguinte: (1) Motor de pesquisa (2) Sítios Web (3) Redes sociais (4) OPAC (5) Bases de dados académicas e portais temáticos. Os resultados indicaram que o motor de pesquisa é o canal Web mais frequentemente utilizado. Em contrapartida, o OPAC, as bases de dados académicas e os portais temáticos são utilizados com menos frequência, sendo o seu valor médio inferior ao valor médio (média= 2,06). Os resultados também estão de acordo com Nkomo (2009), que descreveu que os estudantes recorrem sobretudo ao motor de pesquisa, aos sítios Web e ao correio eletrónico.

Tanto o pessoal académico como os estudantes de pós-graduação utilizaram frequentemente motores de busca e sítios Web para satisfazer as suas necessidades de informação. Por outro lado, ambos os inquiridos utilizaram menos frequentemente portais temáticos. Os resultados da entrevista mostraram que a maioria do pessoal académico e dos estudantes de pós-graduação utilizava frequentemente o motor de pesquisa Google. Como indicado pelo pessoal académico e pelos estudantes de pós-graduação, os motores de pesquisa Google são os mais populares devido à disponibilidade de informações multidisciplinares e à interface de fácil utilização.

Tabela 9: Frequência de utilização do canal Web pelos estudantes de pós-graduação (N=174)

Canal Web	Mínimo	Máximo	Média	Std. Desvio
Motor de busca	1	4	2.71	.493
Sítios Web	1	3	2.21	.541
Redes sociais	1	3	2.16	.649

OPAC	1	3	2.03	.644
Base de dados académica	1	3	1.86	.624
Assunto Portal	1	4	1.44	.631
Média	1.00	3.00	2.06	.529

4.9. Competência de utilização da Web

A Tabela 10 indica que, no que diz respeito às competências de utilização da Web do pessoal académico, 18 (42,9%) dos inquiridos classificaram-nas como muito boas, 14 (33,3%) como boas e os restantes 10 (23,8%) inquiridos classificaram-nas como médias. A tabela também indicava claramente que as competências de utilização da Web dos estudantes pós-graduados, 35 (20,1%) dos inquiridos classificaram-nas como muito boas, 74 (42,5%) como boas e 52 (29,9%) como médias, respetivamente. Os resultados indicam que a maioria do pessoal académico, 32 (76,2%), e dos estudantes de pós-graduação, 109 (62,6%), tem boas competências para procurar, recuperar e utilizar fontes de informação na Web para fins académicos. Por conseguinte, o investigador concluiu que o pessoal académico é mais hábil do que os estudantes de pós-graduação na utilização da Web para procurar informação. Isto deve-se ao facto de o pessoal académico ter mais literacia informacional do que os estudantes de pós-graduação, devido às suas funções, experiências e nível de formação. Dadzie (2009) corroborou estas conclusões e revelou no seu estudo que alguns estudantes que entram na faculdade e na universidade têm conhecimentos limitados de competências fundamentais de investigação e informação, especialmente no que se refere à pesquisa, avaliação e utilização eficazes de recursos electrónicos em linha para fins académicos.

Quadro 10: Competências de utilização de informação na Web (N=42) e (N=174)

Respondente	N	F/ %	Muito bom	Bom	Média	Pobres	Muito pobre
Pessoal académico	42	F	18	14	10	0	0
		%	42.9	33.3	23.8	0	0
Estudantes de pós-graduação	174	F	35	74	52	10	3
		%	20.1	42.5	29.9	5.1	1.7

4.10. Formação em literacia da informação

A Tabela 11 indica claramente que mais de metade dos inquiridos do pessoal académico 25 (59,5%) e dos estudantes de pós-graduação 88 (50,6%) não recebeu qualquer formação sobre literacia da informação. Apenas menos de metade do pessoal académico 17 (40,4%) e 86 (49,4%) dos estudantes de pós-graduação receberam formação sobre como utilizar recursos electrónicos em linha. Isto sugere que a maioria dos estudantes de pós-graduação, 84 (49,4%), recebeu formação em literacia da informação, em comparação com o pessoal académico, 17 (40,5%), mas houve uma diferença marginal entre o pessoal académico e os estudantes de pós-graduação no que diz respeito ao número de acções de formação sobre literacia da informação na Web. O investigador, na sua qualidade de funcionário da biblioteca universitária, sabe que o centro de informação e biblioteca fornece todos os anos orientação sobre a biblioteca aos recém-chegados (estudantes de 1st ano) e, além disso, o pessoal da biblioteca dá formação prática sobre a utilização de bases de dados académicas aos estudantes de pós-graduação. Tal como indicado por Adeogun (2006), o objetivo do ensino da literacia da informação (LI) é ajudar os estudantes a desenvolver o pensamento crítico e as competências analíticas de que necessitam para transformar a informação em conhecimento.

Tabela 11: Formação em literacia da informação (N=42) e (N=174)

categoria dos inquiridos		Frequência	Percentagem
	sim	17	40.5
pessoal académico	não	25	59.5
	Total	**42**	**100.0**
	sim	86	49.4
pós-graduação	não	88	50.6
	Total	**174**	**100.0**

4.11. Percepções sobre a formação em literacia da informação

Apesar da presença da formação em literacia da informação na ECSU, ministrada pela biblioteca, desconhece-se a utilidade da formação em termos de conteúdo e de prestação. Por conseguinte, esta pergunta responde às percepções dos inquiridos relativamente à formação em literacia da informação oferecida pela universidade.

A Figura 3 indica que o pessoal académico que confirmou que a formação em literacia da informação tinha sido muito útil foi 7(41,2%), útil 4(23,5%), e até certo ponto útil 6(35,3%). Do mesmo modo, os estudantes pós-graduados que confirmaram que a formação foi muito útil 51 (42,8%), útil 53 (44,5%) e até certo ponto útil 15 (12,6%). O resultado indicou que a maioria dos estudantes pós-graduados considerou que a formação em literacia da informação era útil para serem competentes na utilização das fontes de informação da Web. Os resultados do estudo revelaram que a formação em literacia da informação oferecida pela Biblioteca e Centro de Informação até à data foi útil para a maioria do pessoal académico e dos estudantes de pós-graduação que nela participaram. No entanto, pouco mais de metade do pessoal académico e dos estudantes de pós-graduação (53%) não tinha recebido qualquer formação formal. O resultado da entrevista indicou que a maioria dos estudantes de pós-graduação mencionou que o nível de conhecimentos e competências na utilização de diferentes fontes da Web é considerado médio. Um dos entrevistados resumiu-o da seguinte forma: "Não sou bom na pesquisa e utilização de diferentes fontes de informação na Web, porque para selecionar a informação relevante de entre triliões de páginas Web é necessário ter uma melhor capacidade de pesquisa e avaliação, mas sou de alguma forma bom na utilização da intranet da universidade." Assim, o investigador conclui que, embora a maioria dos inquiridos tenha considerado útil a formação oferecida pela biblioteca, isso não significa que estejam completos e satisfeitos com a formação em literacia da informação.

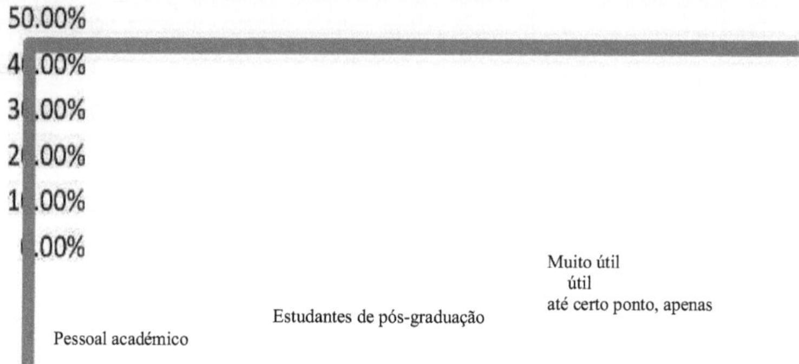

Figura 4: Percepções sobre a formação em literacia da informação

4.12. Informações da Web para fins académicos

Perguntou-se ao pessoal académico e aos estudantes de pós-graduação em que medida a Web era útil para fins académicos. As perguntas procuravam avaliar a relevância da prática de procura de informação na Web para colmatar as suas lacunas de informação no que diz respeito a questões académicas.

A Figura 4 indica que a maioria do pessoal académico, 29 (69%), e dos estudantes de pós-graduação, 104 (59,8%), referiu que a informação na Web é muito útil para fins académicos. Cerca de 12 (28,6%) membros do pessoal académico e 62 (35,6%) estudantes de pós-graduação referiram que a informação na Web era útil. Um pequeno número de docentes 1 (2,4%) e 8 (4,6%) estudantes de pós-graduação referiram que a informação da Web é de alguma forma útil para fins académicos. O teste do qui-quadrado revelou uma diferença estatisticamente significativa para medir o grau de relevância da informação da Web entre o pessoal académico I''^{2} 28,429, df=2, p=**0,000**] e os estudantes de pós-graduação [Z^2 ==79,862, df=2, p=**0,000**]. Com base nos resultados acima referidos, pode concluir-se que a maioria do pessoal académico e dos estudantes de pós-graduação considera que as informações da Web são úteis para fins académicos. Os resultados do estudo são consistentes com Nokom (2009), que mostrou que a Web é uma plataforma em que as pessoas no meio académico passaram a confiar. Esta conclusão está em consonância com a de Milkyas (2012), que observou que a maioria dos professores acede à Internet para procurar e obter informações que são úteis para a investigação (ver Anexo 7.5).

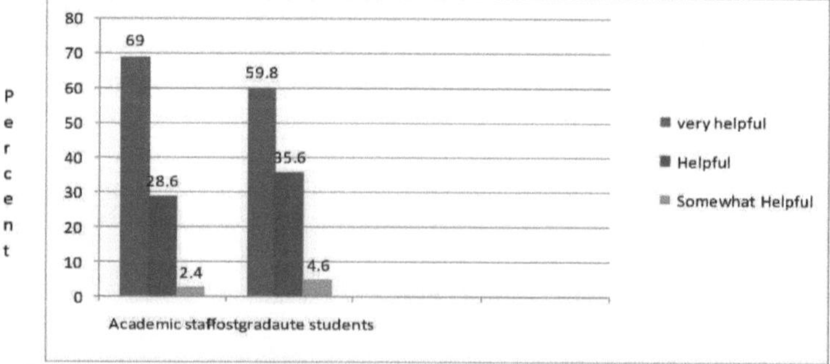

Figura 5: Informação Web para fins académicos

4.13. Satisfação com a utilização da informação na Web
Como se pode ver no Quadro 12, quase um quarto dos 3 (7,1%) e 7 (17%) docentes e 10 (5,7%) e 34 (19,5%) estudantes de pós-graduação estavam muito satisfeitos e satisfeitos, respetivamente, com a formação em literacia da informação ministrada pela biblioteca da ECSU. Por outro lado, 21 (50%) docentes e 73 (42%) estudantes de pós-graduação estavam insatisfeitos, seguidos de 2 (4,8%) docentes e 9 (5,2%) estudantes de pós-graduação estavam muito insatisfeitos. Cerca de um quarto dos 9 (22%) docentes e 48 (27,6%) estudantes de pós-graduação mostraram-se neutros quanto à satisfação com a literacia da informação.
O teste do qui-quadrado indicou que existe uma diferença estatisticamente significativa no nível de satisfação com a formação em literacia da informação entre o pessoal académico I-^{7} ' 27,524, df=4. p = **0,000**] e os estudantes de pós-graduação [Z^2 =83,729, df=4. p = **0,000**]. Assim, a maioria do pessoal académico 23 (54,8%) e 82 (47,2%) estudantes de pós-graduação estavam insatisfeitos com a formação em literacia da informação dada pela biblioteca da ECSU. Esta conclusão é também corroborada pela entrevista, tal como mencionado por dois docentes e três estudantes de pós-graduação. Estes descreveram que era difícil obter a informação certa no momento certo a partir da Web devido à falta de competências adequadas de pesquisa e recuperação.
O resultado implica que um número significativo de pessoal académico e de estudantes de pós-graduação está insatisfeito com a formação em literacia da informação ministrada pela biblioteca e pelo centro de informação da ECSU. O resultado é parcialmente consistente com o de Bruce (2007), segundo o qual não há diferença significativa no nível de satisfação com a procura de informação entre os académicos que frequentaram um curso de formação sobre a Internet e os que não frequentaram a formação (ver Anexo 7.5).
Como se pode ver na Tabela 12, o que se nota é que a maioria do pessoal académico 24(57%) estava satisfeito com a velocidade da ligação à Internet. Por outro lado, a maioria dos estudantes de pós-graduação 81(46,5%) estava insatisfeita com a velocidade da ligação à Internet. Um quarto do pessoal académico, 11 (26,2%), e 47 (27%) dos estudantes de pós-graduação têm uma posição neutra quanto à satisfação com a velocidade da ligação à Internet.
O resultado do teste do qui-quadrado foi estatisticamente significativo no que respeita ao nível de satisfação com a velocidade da ligação à Internet entre os estudantes de pós-graduação [Z^2 =55,943, df=4. p = **0,000**]. O resultado revelou que a maioria dos estudantes pós-graduados, 81 (46,5%), estava insatisfeita com a velocidade da ligação à Internet. Durante as entrevistas, quase todos os estudantes de pós-graduação expressaram a sua insatisfação com a lentidão da ligação à Internet e, em particular, com o acesso à Internet sem fios. Além disso, os estudantes referiram que alguns computadores dos laboratórios de informática não funcionavam corretamente, que havia falta de assistência técnica por parte dos técnicos dos laboratórios e que o número de computadores ligados à Internet era insuficiente. Assim, apesar de a ligação à Internet ser amplamente acessível no campus da ECSU, tanto para o pessoal académico como para os estudantes de pós-graduação, com 150MB, a velocidade da ligação à Internet não satisfazia adequadamente as necessidades dos utilizadores. O resultado é, de certa forma, coerente com o trabalho de Kaur e Kumar (2006), que indicaram que a "velocidade lenta de acesso à Internet" era o obstáculo mais grave enfrentado pelos professores e estudantes (ver Anexo 7.5).
De acordo com o Quadro 12, a maior parte dos 26 (61,9%) membros do pessoal académico está satisfeita com a utilização da Web para resolver os seus problemas. Seguiram-se 13 (31%) que afirmaram ter uma posição neutra em relação à Web para resolver os seus problemas. Verificou-se uma diferença estatisticamente significativa entre os níveis de satisfação relativamente à informação obtida na Web para resolver os seus problemas [Z^2 =26,190, df= 3. p = **0,000**], o que implica que a maioria do pessoal académico está satisfeita com a informação obtida na Web (ver Apêndice 7.5).
No que diz respeito aos estudantes de pós-graduação, a maioria dos 69 (39,6%) respondentes estava satisfeita com a Internet para resolver os seus problemas, enquanto 68 (39,1%) tinham uma posição neutra em relação à Internet para resolver os seus problemas. O teste do Qui-Quadrado mostrou que havia uma diferença estatisticamente significativa entre os níveis de satisfação no que diz respeito à informação obtida na Internet para resolver os seus problemas [Z^2 =66,402, df= 4. p = **0,000**]. O resultado acima revela que a maioria dos estudantes de pós-graduação está satisfeita com a resolução dos seus problemas através da Internet, no que diz respeito à procura de informação. O pessoal académico está mais satisfeito 26(62%) com a resolução dos seus problemas através da Internet do que os estudantes de pós-graduação 69(39%) (ver Anexo 7.5).
O quadro 12 indica ainda o nível de satisfação do pessoal académico em relação às bases de dados académicas. O quadro seguinte mostra que quase metade do pessoal académico 20(47,6%) estava satisfeito com a relevância das bases de dados académicas para fins académicos. Há também inquiridos com uma posição neutra 13(31%) em relação à relevância da base de dados académica, seguidos de quase um quinto do pessoal académico 9(21,4%) insatisfeitos com a relevância da base de dados académica. O teste do qui-quadrado revelou uma diferença estatisticamente significativa entre o nível de satisfação em relação à relevância da base

de dados académica para fins académicos [Z^2 =15.619, df= 4. p= **0,004**]. Os resultados revelaram que a maioria do pessoal académico, 20(47,6%), estava satisfeita com a relevância da base de dados académica para fins académicos, o que está de acordo com Rafiq e Ameen (2009), que descobriram que o nível de satisfação dos professores universitários do Paquistão relativamente à competitividade da base de dados era menor do que o de outros recursos da biblioteca (ver Apêndice 7.5).

No que diz respeito aos estudantes pós-graduados, a maioria dos 67 (37,5%) inquiridos estava insatisfeita com a relevância das bases de dados académicas. Cerca de um terço dos 55 (31,6%) estudantes pós-graduados estão satisfeitos com a relevância das bases de dados académicas. Os restantes 52 (29,9%) dos inquiridos têm uma posição neutra sobre a relevância das bases de dados académicas. O teste do qui-quadrado provou que existia uma diferença estatisticamente significativa entre o nível de satisfação relativamente à relevância das bases de dados académicas para os estudantes pós-graduados |-$^{/2}$ 52,494, df= 4. p = **0,000**]. Os resultados indicam que a maioria dos estudantes de pós-graduação67(37,5%) não está satisfeita com a relevância das bases de dados académicas para fins académicos (ver Apêndice 7.5).

A Tabela 12 também ilustra que a maioria do pessoal académico, 18 (42,9%), e dos estudantes de pós-graduação, 69 (39,6%), está satisfeita com a facilidade de utilização da interface Web, seguida de metade do pessoal académico, 21 (50%), que tem uma posição neutra, e de quase quarenta por cento dos estudantes de pós-graduação, 68 (39,14%), que têm uma posição neutra em relação à facilidade de utilização da interface Web. Por outro lado, um quinto dos 37 (21,2%) estudantes de pós-graduação estão insatisfeitos e um número muito reduzido de 3 (7,2%) membros do pessoal académico estão insatisfeitos com a facilidade de utilização da interface Web. O teste do qui-quadrado mostrou que havia uma diferença estatisticamente significativa no nível de satisfação em relação à interface do utilizador entre o pessoal académico | O' 42,048, df= 4. p = **0,000**] e o pessoal dos estudantes de pós-graduação p'^{2} =64,906, df= 4. p = **0,000**]. Por conseguinte, é possível concluir que a maioria do pessoal académico e dos estudantes de pós-graduação estava satisfeita com a utilização da interface Web (ver Apêndice 7.5).

O Quadro 12 indica ainda que quase metade dos estudantes de pós-graduação 90(51,7%) e 16(38,2%) do pessoal académico não estão nem satisfeitos nem insatisfeitos com o OPAC, seguidos de 47(27%) estudantes de pós-graduação e 14(33,4%) do pessoal académico que estão insatisfeitos com a utilização do OPAC. O teste do qui-quadrado revelou uma diferença estatisticamente significativa entre o nível de satisfação em relação à utilização do OPAC pelo pessoal académico [Z^2 =16,810, df= 4. p = **0,002**] e pelos estudantes de pós-graduação |/^{2} 138,356, df= 4. p = **0,000**]. Os resultados revelaram que a maioria do pessoal académico e dos estudantes de pós-graduação manifestaram a sua insatisfação com a utilização do OPAC e a diferença também foi significativa. O investigador pode concluir que a biblioteca da ECSU prestou menos atenção à promoção dos recursos e serviços da biblioteca junto dos utilizadores. Esta constatação está de acordo com Rafiq e Ameen (2009), que revelaram que o nível de satisfação com a facilidade de utilização do OPAC era inferior ao de outros recursos da biblioteca (ver Apêndice 7.5).

Tabela 12: Satisfação com a utilização da informação na Web (N=42) e (N=174)

Nível de satisfação	Categoria dos respondentes	V.S		S		Neutro		DS		V.D	
		F	%	F	%	F	%	F	%	F	%

Informações formação em literacia/TIC	Pessoal académico	3	7.1	7	16.7	9	21.4	21	50	2	4.8
	PG Estudantes	10	5.7	34	19.5	48	27.6	73	42	9	5.2
Velocidade da ligação à Internet	Pessoal académico	8	19	16	38.1	11	26.2	7	16.7		
	PG Estudantes	18	10.3	28	16.1	47	27	67	38.5	14	8
Resolver problemas	Pessoal académico	3	7.1	23	54.8	13	31	3	7.1		
	PG Estudantes	22	12.6	47	27	68	39.1	32	18.4	5	2.9
Relevância do ensino académico em linha	Pessoal académico	5	11.9	15	35.7	13	31	8	19	1	2.4
	PG Estudantes	17	9.8	38	21.8	52	29.9	58	33.3	9	5.2
A interface do utilizador é fácil de utilizar	Pessoal académico	2	4.8	16	38.1	21	50	2	4.8	1	2.4

		19	10.9	50	28.7	68	39.1	27	15.5	10	5.7
	PG Estudantes	19	10.9	50	28.7	68	39.1	27	15.5	10	5.7
Catálogo de acesso público em linha	Pessoal académico	3	7.1	9	21.4	16	38.1	12	28.6	2	4.8
	PG Estudantes	8	4.6	29	16.7	90	51.7	43	24.7	4	2.3

F= frequência, PG= pós-graduação, V.S= muito satisfeito, S= satisfeito, DS= insatisfeito, V.D= muito insatisfeito

4.14. Desafios no comportamento de procura de informação na Web

Para responder à quarta questão principal que procura conhecer os desafios enfrentados na procura de informação na Web, o investigador concebeu a escala organizando os factores em sete categorias principais. Assim, a resposta dos inquiridos baseou-se no grau de problema que afecta a procura de informação na Web, utilizando frequências e percentagens.

Os inquiridos foram questionados sobre os desafios no comportamento de procura de informação na Web no que diz respeito à velocidade da ligação à Internet. O Quadro 13 mostra que a maior parte dos 22 (52,4%) membros do pessoal académico afirmou enfrentar um problema grave. Por outro lado, quase um quarto dos inquiridos, 9 (21,4%), referiu um problema menor. Os resultados do teste do qui-quadrado [Z^2 =18,762, df= 3. p = **0,000**] indicaram que existia uma diferença significativa entre o grau de problema no que diz respeito à ligação lenta à Internet. Este resultado revelou que a maioria do pessoal académico teve problemas moderados com a ligação lenta à Internet (ver Apêndice 7.5). Por outro lado, quase metade dos estudantes pós-graduados, 84 (48,3%), deparou-se com problemas graves e um pequeno número de inquiridos, 4 (2,3%), referiu não ter problemas com a ligação à Internet. O teste do qui-quadrado mostrou que existia uma diferença estatisticamente significativa entre o grau de problema no que respeita à ligação lenta à Internet. Esta conclusão revelou que a maioria dos estudantes pós-graduados enfrentava problemas graves com a ligação lenta à Internet. Estes resultados são coerentes com o trabalho de Nkomo (2009), que concluiu que a lentidão da ligação à Internet foi identificada como um dos principais problemas na procura de informações na Web para fins académicos. Do mesmo modo, esta conclusão é consistente com os estudos realizados por Fasae e Aladeniyi (2012), que indicaram que a maioria dos estudantes (93%) referiu que a velocidade lenta de acesso à Internet era um dos principais problemas que dificultavam o comportamento de procura de informações.

Além disso, através de uma entrevista e de um questionário aberto, todos os inquiridos, estudantes de pós-graduação, mencionaram unanimemente que a lentidão da ligação à Internet prejudicava as suas actividades de procura de informação na Web. Por conseguinte, é possível concluir que, apesar de o projeto de expansão da tecnologia de comunicação da informação da ESCU estar em bom andamento e dispor de mais de 100 MB de largura de banda para a ligação à Internet. A lentidão da ligação à Internet constituiu um problema para o acesso à informação para fins académicos, em especial para os estudantes de pós-graduação.

O Quadro 13 indica ainda que a maioria do pessoal académico, 16(38,1%), enfrentou problemas moderados com a restrição de acesso à Web, seguido de 11(26,2%) e 9(21,4%) que enfrentaram problemas menores e problemas graves, respetivamente. O resultado indicou que a maioria do pessoal académico foi afetada pela restrição de acesso. Por outro lado, a maioria dos estudantes pós-graduados, 73 (42%) e 37 (21,3%), referiu que as restrições de acesso constituíam um problema moderado e um problema grave, respetivamente. O resultado do teste do qui-quadrado revelou que existe uma diferença significativa no nível de problema relativamente à restrição de acesso a diferentes fontes Web [Z^2 =63,299, df= 4. p = **0,000**]. O teste do qui-quadrado revelou que a grande maioria dos estudantes pós-graduados tinha problemas com a velocidade da ligação à Internet. Esta conclusão do estudo está de acordo com o trabalho de Owaire (2010), que observou que os estudantes de pós-graduação da Universidade de Oslo citaram questões como restrições de acesso a algumas bases de dados em linha, que consideraram um problema para cumprir a sua responsabilidade como organização de aprendizagem (ver Anexo 7.5).

O Quadro 13 mostra que a falta de formação sobre a utilização de recursos electrónicos em linha foi considerada como o principal problema que impediu a utilização da informação da Web pelo pessoal académico e pelos estudantes de pós-graduação. A maioria do pessoal académico, 14 (33,3%), classificou a falta de formação como um problema moderado, seguido de 6 (14,3%) que o classificaram como um problema grave. Cerca de um quinto do pessoal académico, 8 (19%), referiu que a formação não é um problema de todo. Durante as entrevistas, alguns membros do pessoal académico indicaram que precisavam de formação personalizada, baseada na prática, sobre como procurar, recuperar, avaliar e utilizar recursos electrónicos em linha para fins académicos.

A maioria dos estudantes de pós-graduação, 62 (35,6%) e 55 (31,6%), classificou a falta de formação como um problema moderado e um problema grave na utilização dos recursos electrónicos em linha, respetivamente. O resultado do teste do qui-quadrado revelou uma diferença significativa entre o nível de problemas na procura de informação devido à falta de formação [Z^2 =55,195, df= 4. p = **0,000**]. Pode concluir-se que a maioria dos estudantes de pós-graduação teve problemas devido à falta de formação em literacia da informação sobre como utilizar corretamente a Web. Um dos estudantes pós-graduados referiu que estava irritado com o facto de ter recebido alguma formação no início dos seus estudos, mas pouco depois. Esta constatação está em conformidade com a de Ge (2010), que observou que um dos obstáculos à utilização da informação da Internet era a falta de formação sobre a utilização de recursos electrónicos em linha para fins académicos (ver Apêndice 7.5).

Como mostra a Tabela 13, a maioria dos estudantes de pós-graduação referiu que a sobrecarga de informação é um obstáculo à procura de informação na Web e classificou-a da seguinte forma: - 62(35,6%) problema moderado, 55(31,6%) problema grave, 23(13,2%) problema menor, 6(3,4%) sem problema e 13(31%) neutro. O teste do qui-quadrado provou que existia uma diferença estatisticamente significativa entre o grau de problema relativamente à sobrecarga de informação $|^z$ ~ 70,208, df= 4. p = **0,000**]. O resultado indicou que a maioria dos estudantes de pós-graduação estava sobrecarregada com informações da Web. Os resultados estão em consonância com o trabalho de Ge (2010), que observou que a sobrecarga de informação é um dos principais obstáculos ao comportamento de procura de informação na Web. A sobrecarga de informação não era um problema grave para o pessoal académico, em comparação com os estudantes de pós-graduação (ver Apêndice 7.5).

A tabela 13 mostra ainda que, em relação ao tempo necessário para obter a informação correcta a partir da Web, a maioria do pessoal académico, 19 (50%), e dos estudantes de pós-graduação, 103 (59,2%), demorou a obter a informação correcta a partir da Web, o que foi considerado um problema grave. Apenas os estudantes de pós-graduação apresentaram uma diferença estatisticamente significativa entre o grau de problemas no que respeita ao tempo gasto para obter a informação correcta na Web [Z^2 =55,598, df= 4. p = **0,000**]. Por conseguinte, o investigador conclui que a maioria dos estudantes de pós-graduação demorou algum tempo a obter as informações correctas na Internet. Isto deve-se provavelmente à sobrecarga de informação e à falta de competências adequadas na utilização de fontes da Web para fins académicos (ver Apêndice 7.5).

Table 13 further noted that regarding searching and retrieval skill of academic and postgraduate students. A maioria do pessoal académico, 21 (50%), e dos estudantes de pós-graduação, 58 (33,3%), não teve problemas em pesquisar e recuperar informação da Web, embora não conseguisse obter a informação correcta com base na perceção da lacuna de informação. O teste do qui-quadrado provou que existia uma diferença estatisticamente significativa entre o grau de problema no que diz respeito à capacidade de pesquisa e recuperação de informações da Web entre o pessoal académico $|^2$ 27,762, df= 4. p = **0,000**] e os estudantes de pós-graduação [Z^2 =37,437, df= 4. p = **0,000**]. Por conseguinte, pode concluir-se que um número significativo de pessoal académico e de estudantes de pós-graduação não tem problemas em procurar e obter informações na Web (ver Apêndice 7.5).

As entrevistas com o pessoal académico mostraram que as restrições de acesso, a sobrecarga de informação, a falta de formação em literacia da informação e a falta de assinatura de revistas escolares com base nas necessidades eram entre os principais problemas. Os estudantes pós-graduados mencionaram a lentidão da ligação à Internet, a falta de formação e a sobrecarga de informação como os principais problemas que impedem o comportamento de procura de informação.

Tabela 13: Desafios na procura de informação na Web (N=42, N=174)

Problema enfrentado	Respondente Categoria	Problema grave	Problema moderado	Neutro	Problema menor	Não há problema
		F %	F %	F %	F %	F %
Internet lenta ligações	Pessoal académico	819	2252 .4	37.1	921 .4	
	Estudantes de PG	8448 .3	5531 .6	95.2	2212 .6	42.3
Restrições de acesso	Pessoal académico	921 .4	1638 .1	49.5	1126 .2	24.8
	Estudantes de PG	3721 .3	7342	2816 .1	2614 .9	105.7
Falta de formação	Pessoal académico	614 .3	1433 .3	716 .7	716 .7	819
	Estudantes de PG	5531 .6	6235 .6	179.8	2313 .2	179.8

Sobrecarga de informação	Pessoal académico	511 .9	1023 .8	1331	614 .3	819
	Estudantes de PG	158.6	6839 .1	4123 .6	4324 .7	63.4
É preciso tempo para conseguir o correto informação	Pessoal académico	614 .3	1535 .7	614 .3	1023 .8	511 .9
	Estudantes de PG	3117 .8	7241 .4	2514 .4	3218 .4	148
A informação requerida não está disponível	Pessoal académico	37.1	1535 .7	24.8	1638 .1	614 .3
	Estudantes de PG	1910 .9	6537 .4	3218 .4	4023	1810 .3
Não sabem como procurar e recuperar informações	Pessoal académico	24.8	49.5	511 .9	1023 .8	2150
	Estudantes de PG	126.9	23 13.2	3620 .7	4525 .9	5833 .3

NB: F=frequência

4.15. Teste T sobre o género e a procura de informação na Web

O teste t foi utilizado para comparar a média de duas amostras (homens e mulheres). Em termos simples, o *teste t* compara a diferença real entre o sexo feminino e o sexo masculino em relação à variação dos dados (expressa como o desvio padrão da diferença entre as médias). Assim, o investigador utilizou o teste t para responder se existiam diferenças significativas entre os sexos do pessoal académico e dos estudantes de pós-graduação na realização de actividades de pesquisa de informação na Web.

4.15.1. Teste T sobre o género e a pesquisa na Web por parte do pessoal académico

Tal como indicado na Tabela 14, no que diz respeito à adequação da informação da Web para satisfazer as necessidades de informação do pessoal académico, houve uma diferença estatisticamente significativa entre os inquiridos do sexo masculino e do sexo feminino [$t_{(40)}$)=2.115, p=.041], a Tabela 14 também revela que, no que diz respeito ao objetivo da utilização da Web e à frequência de utilização, não houve diferença estatisticamente significativa [t(40)= 1.275, p=.210]. Tacitamente, entende-se que não existe uma diferença estatisticamente significativa entre o pessoal académico feminino e masculino no que diz respeito à finalidade e à frequência da utilização da Web. Esta conclusão foi inconsistente com o trabalho de Steinerova e Suso (2007), que descreveu que as mulheres utilizam a base de dados (89,5%) mais do que os homens (69,2%), mas a diferença não foi significativa (p=0,154, teste exato de Fisher). A conclusão também foi contrária à de Steinervoa e Suso (2007), que concluíram que o OPAC era mais utilizado pelas mulheres do que pelos homens.

A Tabela 14 revela ainda que, no que respeita à frequência de utilização do canal Web, não se registou uma diferença estatisticamente significativa [t(40)= .883, p= .382]. Isto implica, no entanto, que as mulheres inquiridas utilizaram mais frequentemente (M=23,75) a informação da Web do que os homens (M=22,23), sendo a diferença marginal. Estas conclusões vão ao encontro do trabalho de Hupfer e Deltor (2006), que concluíram que a Internet era dominada pelos homens, mas que a participação das mulheres na Internet e os números relativos às compras em linha aumentaram ao ponto de as mulheres liderarem agora o comércio eletrónico a retalho. Esta conclusão também está parcialmente de acordo com Steinerova e Susol (2007), que concluíram que as mulheres utilizavam frequentemente recursos electrónicos licenciados, enquanto os homens davam muita importância à informação gratuita ou de fontes abertas

A Tabela 14 também retrata o nível de satisfação com a utilização de informação na Web e os desafios para procurar informação na Web, não havendo diferença estatisticamente significativa entre o pessoal académico feminino e masculino [t(40)= -.378, p= .707], [t(40)= -.439, p= .663] respetivamente. Isto mostrou que não existia uma diferença estatisticamente significativa entre as contrapartes femininas e masculinas no que diz respeito ao nível de satisfação relativamente ao comportamento de procura de informação e aos desafios que impediam o comportamento de procura de informação. Este resultado é inconsistente com Maghfeart e Stock (2006), que concluíram que as mulheres estavam mais satisfeitas com a informação obtida na Internet. Por outro lado, o resultado foi consistente com o de Steinerova e Susol (2007), que indicaram que os homens tendem a estar mais satisfeitos com os resultados obtidos através da Internet.

Tabela14: Teste T sobre o género e a pesquisa na Web pelo pessoal académico. (N=42)

Atributos	Sexo	N	Média	Std. D	t	df	Sig. (P)
	F	8	21.13	1.458	2.115	40	**.041**
As informações da Web são adequadas para objetivo académico objetivo de utilizar a informação da web	M	34	19.18	2.492			
	F	8	23.75	3.10530	1.275	40	.210

	M	34	22.24	3.00564		
	F	8	14.13	1.35620	.883	40	.382
Frequência de utilização do canal Web	M	34	13.44	2.07717		
	F	8	20.25	4.39968	-.378	40	.707
Nível de satisfação com a utilização da informação na Web	M	34	20.76	3.22921		
Desafios que dificultam as actividades de procura de informação	F	8	20.37	5.39676	-.439	40	.663
	M	34	21.29	5.30597		

NB= * Significativo ao nível alfa 0,05

4.15.2. Teste T sobre o género e a procura da Internet por parte dos estudantes de pós-graduação.

Como se pode ver na tabela 15, **no que diz** respeito à adequação da informação da Web para satisfazer as necessidades de informação, não existe uma diferença estatisticamente significativa entre os inquiridos do sexo masculino e feminino [t (172) = -,846, p =,399], o que implica que não existe uma diferença estatisticamente significativa entre os estudantes de pós-graduação do sexo feminino e masculino no que diz respeito à informação adequada encontrada no canal da Web. No que se refere ao nível de satisfação com a utilização da pesquisa de informação na Web para fins académicos, não se verificou uma diferença significativa entre os estudantes de pós-graduação do sexo masculino e feminino [t$_{(172,)}$= -.380, p =.074], o que mostra que não existe uma diferença estatisticamente significativa entre homens e mulheres no que se refere à satisfação com as actividades de pesquisa de informação na Web. A tabela mostra ainda que não existe uma diferença estatisticamente significativa entre os estudantes de pós-graduação do sexo masculino e feminino (t$_{(172,)}$=-.380,p=.704) no que diz respeito aos desafios que dificultam a procura de informação na Web.

A Tabela 15 indica ainda que, no que respeita à frequência de utilização do canal Web, existe uma diferença estatisticamente significativa entre os estudantes pós-graduados do sexo masculino e do sexo feminino [t (172)=-3,613, p=**0,000**], mostrando que os estudantes pós-graduados do sexo masculino utilizam mais frequentemente (M=12,68) o canal Web do que os estudantes do sexo feminino (M=11,38). No que diz respeito à finalidade da utilização da informação da Web, verificou-se uma diferença estatisticamente significativa entre os estudantes de pós-graduação do sexo masculino e do sexo feminino [t (172)=4,524, p=**0,000**], mostrando que os estudantes de pós-graduação do sexo masculino utilizavam mais frequentemente a Web para fins de trabalho nas aulas, investigação e comunicação (Média=22,20) do que os estudantes do sexo feminino (Média=19,46).

Finalmente, o investigador notou ligeiras diferenças nas manifestações de género relativamente a alguns atributos de procura de informação na Web e achou interessante partilhá-las à luz de estudos semelhantes. No entanto, a investigação sobre as diferenças entre os sexos continua em aberto e não foi possível generalizar os resultados obtidos com esta medida.

Tabela 15: Teste T sobre o género e a pesquisa na Web por parte dos estudantes de pós-graduação (N=174)

Atributos	Sexo	N	Média	Desvio Std. Desvio	t	df	Sig. (2tailed)
As informações da Web são adequadas para objetivo académico objetivo de utilizar a informação da web	Feminino	39	19.31	2.68675	-.846	172	.399
	Masculino	135	19.75	2.97117			
	Feminino	39	19.46	3.02486	-	172	**.000**
	Masculino	135	22.20	3.41157	4.524		
Frequência de utilização do canal Web	Feminino	39	11.38	1.92785	-	172	**.000**
	Masculino	135	12.68	2.00174	3.613		
Nível de satisfação com a utilização da informação na Web	Feminino	39	18.95	4.97334	-.380	172	.704
	Masculino	135	19.26	4.35027			

Desafios que dificultam as actividades de procura de informação	Feminino	39	23.7949	4.71939			
	Masculino	135	23.4222	5.56437	-.380	172	.704

NB= * Significativo ao nível alfa 0,05

RESUMO, CONCLUSÕES E RECOMENDAÇÕES

Este capítulo final da tese apresenta o resumo, as conclusões sobre os resultados desta investigação em relação às questões de investigação e são feitas recomendações em relação aos resultados, bem como sobre áreas de investigação futura.

Resumo

O principal objetivo deste estudo foi investigar o comportamento de procura de informação na Web do pessoal académico e dos estudantes de pós-graduação da ECSU. Especificamente, centra-se na identificação das necessidades de informação na Web do pessoal académico e dos estudantes de pós-graduação, investigando o nível de satisfação em relação à utilização da Web e examinando se existe alguma diferença significativa entre géneros na atividade de procura de informação na Web. Além disso, o estudo também teve como objetivo identificar os desafios enfrentados no seu comportamento de procura de informação na Web.

Para o efeito, foram recolhidos dados de uma amostra aleatória de 174 estudantes de pós-graduação da ECSU e de 42 membros do pessoal académico da ECSU. Foram utilizados questionários de inquérito para recolher dados relativos às características demográficas do pessoal académico e dos estudantes de pós-graduação e às suas práticas de procura de informação na Web, concebidos pelo investigador com base em diversa literatura da área. Além disso, foram escolhidos propositadamente quatro docentes e sete estudantes de pós-graduação para a realização de entrevistas semi-estruturadas. Relativamente ao tópico em estudo, foi feita uma revisão pertinente da literatura relacionada, que foi exaustivamente analisada e incluída no estudo. O estudo utilizou estatísticas descritivas e algumas estatísticas inferenciais para analisar os dados recolhidos. Os dados qualitativos foram analisados de forma narrativa, por palavras. Por conseguinte, foram utilizadas técnicas de análise de dados qualitativos e quantitativos (investigação de método misto concomitante) para analisar os dados

O pessoal académico e os estudantes de pós-graduação preferem, na sua maioria, fontes de informação impressas e electrónicas para satisfazer as suas necessidades de informação. No entanto, todos os entrevistados concordaram unanimemente que tinham confiado mais nas fontes electrónicas do que nas fontes impressas. As principais razões mencionadas tanto pelo pessoal académico como pelos estudantes de pós-graduação foram a conveniência, a acessibilidade e a abrangência dos recursos electrónicos. Além disso, no que diz respeito à utilização da Internet, quase dezanove por cento 37 (88,1%) do pessoal académico e a maioria 99 (57%) dos estudantes de pós-graduação utilizam a Internet diariamente.

Quanto à questão da informação adequada encontrada na Web para satisfazer as suas necessidades de informação, verificou-se que a maioria do pessoal académico concordou que a informação adequada pode ser encontrada nos motores de busca e nos sítios Web, em especial no Google, no Google scholars e nos sítios Web governamentais e não governamentais. As bases de dados académicas, as bases de dados electrónicas em linha e o portal da disciplina foram os canais Web menos classificados em termos de disponibilidade de informação adequada para fins académicos. No que diz respeito aos estudantes pós-graduados, um número significativo utilizou motores de busca e sítios Web para encontrar informações adequadas aos seus objectivos académicos. As bases de dados académicas, o OPAC e os portais temáticos foram os canais Web menos preferidos pelos estudantes pós-graduados em termos de disponibilidade de informação adequada para fins académicos. É possível concluir que tanto o pessoal académico como os estudantes pós-graduados preferem sobretudo os motores de pesquisa e os sítios Web para fins académicos.

O motor de pesquisa, os sítios Web, o correio eletrónico e as redes sociais foram, por ordem, os canais Web mais utilizados. Os canais Web menos utilizados pelos inquiridos foram o OPAC, a base de dados académica e o portal de assuntos. A ordem de classificação foi semelhante tanto para o pessoal académico como para os estudantes de pós-graduação em termos de frequência de utilização dos canais Web.

A maioria dos estudantes pós-graduados procura frequentemente informações na Internet para fazer os seus trabalhos, realizar investigação, comunicar e para fins de sensibilização geral. Verificou-se que a diferença era significativa no que respeita aos objectivos acima enumerados ($p < .05$). O pessoal académico utilizou mais frequentemente a Web para fins de investigação, comunicação, sensibilização geral e ensino. Tanto o pessoal académico como os estudantes de pós-graduação foram os que menos utilizaram a Internet para fins de entretenimento.

Menos de metade do pessoal académico, 17 (40,5%), e 86 (49,4%) dos estudantes de pós-graduação receberam formação sobre como utilizar os canais e fontes de informação da Web. Dos inquiridos que receberam formação, todo o pessoal académico e os estudantes de pós-graduação consideraram que a formação em literacia da informação foi útil. A maioria do pessoal académico e dos estudantes de pós-graduação classificou o seu nível de conhecimentos e competências na utilização da Web como "Bom". Mas o resultado da entrevista indicou que a maioria dos estudantes de pós-graduação mencionou que o nível de competência na utilização de diferentes fontes da Web é considerado médio.

A satisfação com a utilização da informação na Web é um fator que pode influenciar o comportamento de procura de informação do pessoal académico e dos estudantes de pós-graduação. O nível de satisfação foi medido utilizando uma escala de likert de cinco pontos e a maioria do pessoal académico, 23 (54,8%), e 82 (47,2%) estudantes de pós-graduação estavam insatisfeitos com a formação em literacia da informação. Também se verificou que a maioria do pessoal académico, 24 (57%), estava satisfeita com a velocidade da ligação à Internet. No que diz respeito aos estudantes de pós-graduação, um número significativo de 81 (46,5%) estudantes de pós-graduação estava insatisfeito com a velocidade da ligação à Internet. O resultado da entrevista também confirmou que a maioria dos estudantes de pós-graduação estava insatisfeita com a velocidade da ligação à Internet. A maioria do pessoal académico e dos estudantes de pós-graduação estava insatisfeita com a utilização do OPAC para pesquisar a informação disponível na biblioteca.

Os principais desafios enfrentados na procura de informações na Web responderam com base no grau de problema que afecta o comportamento de procura de informações na Web. Assim, a maioria dos 22 (52,4%) docentes tinha um problema moderado na ligação à Internet, enquanto a maioria dos 84 (48,3%) estudantes de pós-graduação tinha um problema grave na velocidade da ligação à Internet. Além disso, os estudantes pós-graduados entrevistados provaram que a lentidão da ligação à Internet era um problema para a aquisição de informações na Web. As restrições de acesso aos recursos em linha também constituíram um problema importante para o pessoal académico (16 (38,1%) e 73 (42%) estudantes de pós-graduação) no acesso à informação académica a partir da Internet. Além disso, um número significativo de 62 (35,6%) estudantes de pós-graduação e a maioria dos 14 (33,3%) membros do pessoal académico tiveram um problema moderado de falta de formação em literacia da informação dada pela biblioteca da ECSU. O tempo necessário para obter a informação correcta na Web também constituiu um problema moderado para o pessoal académico e para os estudantes de pós-graduação. Curiosamente, um número significativo de pessoal académico 21(50%) e de estudantes de pós-graduação 58(33,3%) não tiveram qualquer problema em pesquisar e obter informações da Web.

O investigador testou se havia alguma diferença significativa entre homens e mulheres no que diz respeito aos diferentes atributos da atividade de procura de informação na Web, utilizando o teste T independente. Assim, verificou-se que existia uma diferença estatisticamente significativa entre os inquiridos do sexo masculino e do sexo feminino do pessoal académico [t(40)=2,115, p=,041], mostrando que as mulheres concordavam mais fortemente que era possível encontrar informações adequadas no canal Web (média=21,13) do que os seus homólogos do sexo masculino (média=19,18).

Por outro lado, houve uma diferença estatisticamente significativa entre os estudantes de pós-graduação do sexo masculino e do sexo feminino no que diz respeito à frequência de utilização do canal Web [p=.000], mostrando que os inquiridos do sexo masculino utilizaram mais frequentemente (Média=12,68) o canal Web do que os seus homólogos do sexo feminino (Média=11,38). No que diz respeito à finalidade da procura de informações na Web entre os estudantes de pós-graduação, verificou-se que existia uma diferença estatisticamente significativa entre os homens e as mulheres[p=.000], mostrando que os inquiridos do sexo masculino utilizavam mais frequentemente a Web para fins de trabalhos de aula, investigação, comunicação e conhecimento geral (Média=22,20) do que as mulheres (Média=19,46).

Conclusões

O aumento da informação disponível na Web devido à sobrecarga de informação e aos níveis de competência em matéria de literacia da informação afectou o comportamento de procura de informação do pessoal académico e dos estudantes de pós-graduação da ECSU. Com base nos resultados acima referidos, foram tiradas as seguintes conclusões

A maior parte das necessidades de informação do pessoal académico e dos estudantes de pós-graduação baseia-se em fontes de informação híbridas (impressas e electrónicas) que se centram principalmente em fontes de informação baseadas na Web. Este efeito pode ser atribuído à facilidade dos recursos electrónicos, à acessibilidade e à continuidade do serviço.

O principal objetivo da utilização da informação da Web pelo pessoal académico é a investigação, a comunicação, a sensibilização geral e o ensino. No que diz respeito aos estudantes de pós-graduação, o principal objetivo da utilização de informações na Web é a realização de trabalhos escolares, a realização de investigação e a sensibilização geral. Assim, o comportamento de procura de informação na Web por parte do pessoal académico e dos estudantes de pós-graduação baseia-se sobretudo em objectivos académicos e no autodesenvolvimento.

A Web mais visitada em termos de relevância e frequência de utilização entre os canais Web, de acordo com as suas ordens, foi a seguinte - Motores de busca, Websites e Mídias sociais. Especificamente, os motores de pesquisa Google, Google scholars e yahoo são os mais visitados devido à sua abrangência, acessibilidade e facilidade de utilização para satisfazer as suas necessidades de informação. As bases de dados OPAC e académicas são as menos consultadas para fins académicos. Assim, as formações em literacia da informação são inevitáveis para melhorar os seus conhecimentos e competências sobre como utilizar eficazmente o OPAC e as bases de dados académicas para fins académicos.

A maioria do pessoal académico e dos estudantes de pós-graduação não está satisfeita com a falta de formação em literacia da informação e com a utilização do OPAC. A maioria do pessoal académico está satisfeita com a velocidade da ligação à Internet. Pelo contrário, a maioria dos estudantes de pós-graduação estava insatisfeita com a velocidade da ligação à Internet. A escassez de laboratórios de informática e a falta de apoio técnico adequado para os estudantes de pós-graduação podem ser o fator responsável.

Como evidenciado pelo teste t, foram observadas diferenças estatisticamente significativas entre os géneros dos estudantes de pós-graduação [p=.000], mostrando que os homens utilizam frequentemente o canal Web (M=12.68) do que as mulheres inquiridas (M= 11.3846). Do mesmo modo, foram observadas diferenças estatisticamente significativas entre os géneros do pessoal académico [p=.041], mostrando que as mulheres concordam fortemente que é possível encontrar informações adequadas no canal Web (Média=21.13) do que os seus homólogos masculinos (Média = 19.18).

Tanto o pessoal académico como os estudantes de pós-graduação revelaram muitos desafios que afectam a procura eficaz de informação na Web. Entre eles, destacam-se a lentidão da ligação à Internet, as restrições de acesso, a falta de formação e a sobrecarga de informação.

Recomendações

Com base nos resultados do estudo, o investigador recomenda o seguinte

A biblioteca e o centro de informação devem realizar uma avaliação das necessidades para identificar o nível de competências de cada utilizador em matéria de literacia da informação e, com base nos resultados, deve ser elaborado um manual de formação em literacia da informação para reduzir as lacunas de competências dos utilizadores. As formações práticas e autónomas sobre literacia da informação devem ser ministradas aos utilizadores através das redes sociais, do YouTube e de outros canais Web. Além disso, para garantir a aprendizagem ao longo da vida, o programa de literacia da informação deve ser incorporado no currículo da ECSU.

A biblioteca da ECSU deve desenvolver uma estratégia de marketing da informação para sensibilizar o pessoal académico para as bases de dados académicas em linha disponíveis por assinatura e outros recursos electrónicos úteis e acessíveis para o ambiente académico. A biblioteca e o sistema de informação devem organizar workshops e seminários para sensibilizar o pessoal académico para os vários recursos digitais disponíveis através de subscrição, recursos de fontes abertas e recursos digitais internos úteis para fins académicos.

A Universidade da Função Pública da Etiópia deve também melhorar a utilização da Web por parte do pessoal académico e dos estudantes de pós-graduação nos trabalhos académicos, prestando atenção às condições facilitadoras, nomeadamente: melhorar as infra-estruturas técnicas e organizacionais (físicas). As infra-estruturas técnicas incluem a necessidade de tornar a manutenção dos computadores, das redes e dos suportes técnicos facilmente acessível aos utilizadores. De igual modo, devem ser implementadas estratégias de otimização da largura de banda, bem como uma política de utilização relevante por parte do Serviço de Tecnologias de Informação, com vista a atenuar a morosidade da ligação à Internet disponível.

A presença de vários canais na Web é subutilizada. Estes incluem as bases de dados académicas e o OPAC. Um portal temático deve ser criado para facilitar a convergência de todos estes canais Web e fornecer aos utilizadores um serviço de balcão único.

A restrição de acesso foi um dos problemas identificados que impedem a utilização da informação da Web para fins académicos. O acesso remoto a conteúdos digitais é cada vez mais importante para os utilizadores que passam menos tempo no campus da ECSU. Deve ser exigida uma política de acesso que oriente as categorias de recursos da Web para uso interno e os destinados ao público em geral. Além disso, a biblioteca universitária deve subscrever revistas académicas e bases de dados relevantes, a fim de criar mais acesso à comunidade académica.

Deve ser efectuada uma investigação mais aprofundada sobre um estudo comparativo que possa trazer uma cultura de ensino superior e reforçar as instituições na Etiópia, de modo a que o resultado possa aumentar o comportamento de procura de informação na Web a nível nacional do ensino superior. Deve ser realizado um estudo mais aprofundado sobre os factores que afectam (ou seja, idade, disciplinas, experiências, etc.) a procura de informação na Web como factores determinantes.

REFERÊNCIAS

Adeogun, M. 2006. Os desafios de um sistema de ensino terciário moderno: mudanças de paradigma para educadores e profissionais da informação na África Subsariana. *Revista Africana de Bibliotecas*, Arquivos e Ciência da Informação. 16(1):45-52.

Afzal, W. 2009. Web for information seeking: a propositional study. *Escola de Biblioteconomia e Gestão da Informação* 45 (2): (http: //www. academic.emporia.edu.). Acessado em 07 de julho de 2013.

Ajiboye, J e Tella, A. 2007. *O comportamento de procura de informação dos estudantes universitários: implicações para a qualidade do ensino superior em África. 6(1):40 -52. (http://www.tojet.net/articles/v6i1/614.pdf.) Acedido em 14 de agosto de 2013.

Amy, C. 2013. Patterns of graduate students' information seeking behaviour: a metasynthesis of the literature, *Journal of Documentation*, 69(2):.243 - 274.

Anderson, T. 2006. Incerteza em ação: observar a procura de informação com o processo criativo da investigação académica. 12 (1). (http://information.net/ir/12-1/paper 283.html.) Acedido em 28 de outubro de 2014.

Gabinete Australiano de Estatísticas. 2004. Métodos de amostragem. (http://www.abs.gov.au.websitdb.). Acedido em setembro de 2014.

Baro, E. e Onyenania, G. 2010. Information Seeking Behaviour of Undergraduate Students in the Humanities in three Universities in Nigeria. *South African Journal of Libraries and Information Science.76* (2), 109-117.

Bhatia, M. e Kumar A. 2010. Mudanças de paradigma: dos sistemas de informação pré-web à recente recuperação de informação contextual baseada na web. *Webology*,7(1). (http://ww.webology.org/viewfile/1002345.html.) Acedido em 03 de novembro de 2014.

Boyd, A. 2004. Multi-channel information seeking: a fuzzy concetual model. *Aslib Proceedings*, 56 (2): 81-88.(http://www.emeraldinsight.com/Insight.)   Acedido em 17 de agosto de 2013.

Bruce, H. 2007. User satisfaction with information seeking on the Internet. *Journal of the American Society for Information Science*, 49(6):541-556.

Burns, A e Bush, R. 2003. Pesquisa de marketing: aplicação de pesquisa online.4th ed. Pearson Prentice Hall.

Cmor, D. 2009. Prioridades do campus e literacia da informação no ensino superior de Hong Kong: Um estudo de caso. *Library Management*,   30(8/9),   627-642: (www.emeralinsight.com/0143-5124.htm.) Acessado em 07 de agosto de 2013.

Dadzie, P. S. 2009. Information literacy in higher education: overview of initiatives at two Ghanaian Universities (Literacia da informação no ensino superior: visão geral das iniciativas em duas universidades ganesas). *African Journal of Library, Archives and Information Science*, 19 (2): 165 - 175.

Daniel Tadesse. 2008. Access and utilization of Agricultural information by resettler farming households. (Dissertação de Mestrado não publicada), Universidade de Haramaya, Haramaya, Etiópia

Deltor, B. 2003. Utilização de sistemas de informação baseados na Internet nas organizações; uma perspetiva de estudos de informação. *Information System Journal.13*:113-132.

Devi, T. P. e Singh, Y. H.2008. Internet Users: A Study of Manipur University Library.

De Jager, K. 2007. Opening the library catalogue up to the Web: a view from South Africa [Abrir o catálogo da biblioteca à Web: uma visão da África do Sul]. *InformationDevelopment*. 23(1):   48-54.(http://idv.sagepub.com/cgi/content/abstract.) Acedido em 14 de novembro de 2014.

Dobrowolski, T; Nicholas, D; Hunhington, P e Jamal, R. 2007.Characterising and evaluating information seeking behaviour in a digital environment. *Information Processing and Management*. 43: 1085-1102.

Sítio Web da Função Pública da Etiópia. 2013. (http://www.ecsu.edu.et.)Acedido em 12 de agosto de 2013.

Etsub, B. 2009. Cultura dos médicos relativamente à utilização de provas médicas em linha para melhorar os cuidados clínicos dos pacientes (tese de mestrado não publicada), Adis Abeba: Universidade de Adis Abeba, Etiópia.

Foster, A. 2006. Um modelo não linear do comportamento de procura de informação. *Annual*

Review of Information Science and Technology. 40(3):329-356.

Fourie, I.2004. Learning from web information seeking studies: some suggestions for LIS practitioners.24   (1),   20-37 (http://www.emeraldinsight.com/0264- 0473.) Acedido em 23 de agosto de 2013.

Fortin, M. G. 2000. Faculty use of the World Wide Web: Modelação do comportamento de procura de informação num ambiente digital. (http://digital.library.unt.edu/permalink/meta-dc-) Acedido em 16 de setembro de 2013.

Francis,H.2008. O comportamento de procura de informação do corpo docente de ciências sociais da Universidade das Índias Ocidentais. Journal of Academic Librarainship,31(1),67-72.

Ge, X. 2010. Information-seeking behaviour of social sciences and humanities researchers in the internet age. (Tese de mestrado publicada), Universidade do Tennessee, Knoxville.

George, C.; Bright, A.; Hurlbert, T. e Linke, E.C. 2006, Scholarly use of information: graduate students information seeking behaviour. *Information Research.*11 (4). de (http://InformationR.net/ir/n- 4/paper272.html.) Acedido em 07 de janeiro de 2014.

Griffiths, J.R. e Brophy, P.2005. Comportamento de pesquisa dos estudantes no ambiente de informação do JISC (http://www.ariadne.ac.uk/issue33/edner.) Acedido em 14 de agosto de 2013.

Hearst, M.2009. Search User Interface. Cambridge: Cambridge University Press.

Hepworth, M. e Wema, E. 2006 *Teoria educacional e investigação sobre o comportamento da informação: um estudo piloto na Tanzânia. Jornal da Educação* .5 (1): 34-42.

Hupfer, Maureen E. e Detlor, B.2006. Gender and web information seeking: A selfconcept orientation model. *Journal of the American Society for Information Science and Technology.* 57(8):1105-1115. DOI: 10.1002/asi.20379. Acedido em julho de 2013.

Ikoja-Odongo, R e Ocholla, D.N.2004.Information behaviour of Fisher folk in Uganda (Comportamento informacional dos pescadores no Uganda). *International Library and Information Research.* 25(1): 89-105.

Ikoja-Odongo, R e Mostert, J. 2006. Information seeking behaviour:a concetual framework. *South Africa Journal of Library and Information Science.*72(3);145- 158. (http://www.hdl.handle.net/10570/733.) Acedido em 29 de outubro de 2014.

Khosrowjerdi,M e Iranshahi,M. 2011. Conhecimento prévio e comportamento de procura de informação dos estudantes de doutoramento e mestrado. *Library and Information Science Research. (33):3:331-345.(illp:www.ejoumcils.librcir\:ucilberlci.cci.) Acedido em 09 de novembro de 2014.*

Junni, P. 2007. Estudantes que buscam informações para suas teses de mestrado: o efeito da pesquisa de informações na internet, 12(2).(http://InformationR.net/ir/12-paper3 05.html.) Acessado em julho de 2013.

Kakai, J.M e Kigongo-Bukenya, N. 2004. Um estudo sobre o comportamento de procura de informação dos estudantes universitários da Universidade de Makerere, Uganda. *World Libries 14* (1).

Kari, J. e Savolainen, R. 2004. Towards a contextual model of information seeking on the Web (Para um modelo contextual de procura de informação na Web). The New Review of Information Behaviour Research, 4 (1), 155-175. (http://www.informaworld.com). Acedido em 25 de janeiro de 2014.

Kayongo, J e Clarence, H.2010. Graduate students and the library. "*Reference cnd User Services Qucrterl*\. 49(4): 341-349.

Kellar, M. Watters. e Shepherd, M. 2006. *Estudo de campo que caracteriza as tarefas de procura de informação com base na Web*. (http://www.cs.dal. ca/research/techreports.) Acedido em 12 de outubro de 2013.

Kelly, B; Cloisier, A. e Hiom, D 2005.Gateway standardization: Um quadro de garantia de qualidade para metadados. *Library Trends.*53:637 - 651.

Kim, J. 2009. Descrever e prever o comportamento de procura de informação na Web. *School of Library and Information Management.* 60(4):679-693.DOI: 10.1002/asi.21035.Acedido em 07 de junho de 2013.

Kinfe Michael. 2012. O estado da elaboração de políticas para a Internet na Etiópia: uma introdução. Centro de comunicação global. Universidade de Burnley, Londres.

Korobili, S., Malliari, A., Zapounidou, S. 2011. Factores que influenciam o comportamento de procura de informação: o caso dos estudantes de pós-graduação gregos. *The Journal of*

Academic Librarianship, 37:2:155-65.

Kothari, C. R. 2004. Metodologia de investigação: Methods and Technique. 2004. 2ª edição. Nova Deli, Índia: New Age International Limited Publisher.

Kumar,R e Kaue, A .2006.Internet use by teachers and students in engineering colleges of Punjab, Haryana, and Himachal Pradesh States of India. *Electronic Journal of Academic and Special Librarianship, 7(1).1-12.*

Limberg, L e Sundin, O. 2006. Ensinar a procurar informação: relacionar a educação para a literacia da informação com as teorias do comportamento da informação. *IR Information Research*, 14(2). (https://lup.lub.lu.se/search/publication/760589.) Acedido em outubro de 2013.

Liu, H e Huang, H. 2008.Dissmilarity measures of the content based image retrieves. Conferência internacional IEE sobre multimédia e exposição.

Mulusew Andualem. 2012. *Necessidades de informação e comportamento de procura entre os profissionais de saúde que trabalham no Hospital Governamental.* (Tese de mestrado não publicada), Universidade de Adis Abeba, Adis Abeba, Etiópia.

Maghferat, P e Stock, G. 2010. Pesquisa de informação específica por género. *Weblogy.* (7)2.(http://www.webology.org/2010/v7n2/a80.html.)Acedido em outubro, 2013.

Martzoukou, K. 2005. A review of web information seeking research: considerations of method and foci of interest. *Information Research*, 10(2).(http://informationr.net/ir/10-2/paper215.html.) Acessado em 23 de agosto de 2013.

Milkyas Hailu . 2012. Comportamento de utilização da Internet entre as faculdades de agricultura da Universidade de Harmaya (tese de mestrado não publicada). Universidade de Haramaya, Haramaya, Etiópia.

Mi, Ji e Nesta, Frederick 2006.marketing library services to the net generation. *Library Managment.411-422.* (http://emerladinsight.com/Insight/viewContentServlet.html). Acedido em 09 de novembro de 2014.

Mostofa , M. 2013. Um estudo das necessidades de informação e do comportamento de procura dos membros do corpo docente da Universidade Darul Ihsan no Bangladesh. *Library Philosophy and Practice*, 10(7). (http://digitalcommons.unl.edu/libphilprac/983.) Acedido em 23 de fevereiro de 2014.

Mohamed, R.A. 2009. O papel dos governos no planeamento e desenvolvimento de bibliotecas digitais nos países em desenvolvimento. Conferência sobre o acesso à informação e ao conhecimento para o desenvolvimento Centro de Conferências das Nações Unidas, Adis Abeba, Etiópia.

Nicholas, D. 2006. The information seeking behaviour of the users of digital scholarly Journals. *Information Processing and Management.*42   (5):345-365 . (http://dl.acm.org/citation.cfm?id=1150970.) Acedido em 21 de junho de 2013.

Nkomo, N.2009. Uma análise comparativa do comportamento de procura de informação na Web dos estudantes e do pessoal da Universidade de Zululand e da Universidade de Durban (tese de mestrado publicada). África do Sul.

Nkomo, N; Ocholla, D e Daisy, J. 2011. *Web information seeking behaviour of students and staff in rural and urban based Universities in South Africa.* Procedimentos do DLIS 10th Conferência Anual.

Neuman, W.L. 2006.*Social Research Methods*, 6ª ed., Boston, MA: Pearson Education.

Olorunfemi, D , e Janneke , M. Information seeking behaviour of law students in a developing country. (http://www.lis.uzulu.ac.za/view full text/983729html.) Acedido em 08 de novembro de 2014.

Omekwu, C . 2006. Cultura africana e bibliotecas: o desafio das tecnologias da informação. *A Biblioteca Eletrónica.* 24(2).   243- 264 (http://www.emerladinsight.com/viewcontent/Articles/26302402.html.) Acedido em 14 de novembro de 2014.

Preez, M. 2008. Necessidades de informação e comportamento de procura de informação dos engenheiros consultores. Uma investigação qualitativa. (Tese de Mestrado publicada), África do Sul.

Preedip, B e Vinit, K. 2011. Tecnologia Web na prestação de serviços de informação. *Library Hi Tech.29 (3):470-495.*

Oware, D. Wilfred. 2010. A visão dos estudantes de pós-graduação sobre a literacia da informação. (Dissertação de Mestrado). Erasmus Mundus, Noruega.

Rafiq, M e Ameen, K. 2009. Comportamento de procura de informação e satisfação do utilizador de professores universitários: Um estudo de caso. *Library Practice and Philosophy*.12 (3): 23 - 35.

Rutto, D.2011. Access to and utilization of academic information by students and staff at Kabarak University.(Tese de mestrado publicada), Moi University, Nairobi.

Steinerova, J. e Susol, J. 2007. O comportamento dos utilizadores em matéria de informação: uma perspetiva de género. *Information Research*, **12**(3)　paper 320. (http://InformationR.net/ir/12-3/paper320.html.) Acedido em 19 de setembro de 2013.

Turnbull, D. 2005. Procura de informação na World Wide Web. *Information Today*.397 -400.

Wilson, T. D. 2008. Human information behaviour. *Edição especial sobre pesquisa em ciência da informação*. l3 (2):　　49-55. (http://inform.nu/Articles/Vol3/v3n2p49-56.pdf.) Acedido em 07 de julho de 2013.

White, Su. 2006. Ensino superior e tecnologias de aprendizagem - uma perspetiva organizacional. Diss. Universidade de Southampton.

Yared Mammo. 2010. Biblioteca e serviços de informação da Universidade de Haramaya: Looking back to look forward. *The International Information and Library Review*.42:14 - 26. (http://www.elsevier.com/locate/iilr.) Acedido em março de 2014.

Yoon,K. 2007. Um estudo sobre a procura de informação interpessoal. Information Research.12 (2). (http://informationrl.net/ir/12-2/231paper.html.) Acedido em 06 de novembro de 2014.

APÊNDICES

Apêndice Questionário para estudantes de pós-graduação

COMPORTAMENTO DE PROCURA DE INFORMAÇÃO NA WEB ENTRE O PESSOAL ACADÉMICO E OS ESTUDANTES DA UNIVERSIDADE DA FUNÇÃO PÚBLICA DA ETIÓPIA

QUESTIONÁRIO PARA ESTUDANTES DE PÓS-GRADUAÇÃO

Caro aluno

Estou a realizar uma investigação como cumprimento parcial da minha tese de mestrado, que se centra no comportamento de procura de informação na Web dos estudantes de pós-graduação e do pessoal académico da Universidade da Função Pública da Etiópia. Ficaria muito grato se me desse o seu consentimento para participar no preenchimento de um questionário, que procura as suas percepções e práticas sobre o comportamento de procura de informação na Web.

Todas as informações recolhidas serão recolhidas e codificadas de modo a que não possam ser identificadas em nenhum relatório sobre esta investigação. A sua participação nesta investigação permitir-me-á identificar o comportamento de procura de informação na Web dos estudantes de pós-graduação e do pessoal académico da Universidade da Função Pública da Etiópia, com vista a fazer recomendações para colmatar a lacuna existente na questão em investigação. A sua participação é voluntária e o anonimato é garantido.

Nota: Para sua informação, a Web é uma forma de aceder a informações através do meio da Internet. É um modelo de partilha de informação que é construído sobre a Internet.

Obrigado pelo vosso tempo

Solomon WeldetensayShewaye

Estudante de mestrado em Ciência da Informação

Universidade de Haramaya, Faculdade de Computação e Informática

PARTE 1 INFORMAÇÕES DEMOGRÁFICAS

O seu Instituto/Departamento ----------------------------------

Indica a tua resposta, assinalando com um círculo o número

1. Especifique o seu sexo:

a, Maleb , Feminino

2. A sua idade a, 22 - 28b , 29 - 35c , 36 - 42d , 43 e acima

3. Qual é a sua formação académica?

a, Bacharelatob , Mestrado

4. Em que lote se encontra?

A, 1st ano de programa de mestrado b, 2nd ano de programa de mestrado

PARTE 2 Utilização da informação da Web e acesso à Internet

5. Qual é o seu meio preferido para satisfazer as suas necessidades de informação

A, materiais impressos b, recursos electrónicos em linha (web) c, ambos

6. Como é que tem acesso à Internet? (pode assinalar mais do que uma caixa que se aplique a si de forma adequada)

a) Terminal de escritório com fios (computador de secretária ou portátil)	
b) Laboratório informático com fios, centro de biblioteca	
c) Terminal de escritório sem fios	
d) Laboratório informático sem fios/centro de biblioteca	

a) Terminal de escritório com fios (computador de secretária ou portátil)	
e) PC doméstico com fios	

7. Em que medida concorda que a informação adquirida na Web é geralmente adequada para satisfazer as suas necessidades de informação?
Descrição: 5= Concordo totalmente, 4= Concordo, 3= Neutro, 2= Discordo, 1= Discordo totalmente.

Não.	Canal de informação	Concordo totalmente	Concordar	Neutro	Não concordo	Discordo totalmente
7.1	Motor de busca (Google)					
7.2	Websites (páginas Web da organização)					
7.3	rede social					
7.4	Catálogo em linha da biblioteca (OPAC)					
7.5	Base de dados académica em linha					

PARTE 3 Objetivo e frequência da utilização de informações na Web

8. Com que frequência utiliza a Internet para procurar informações (assinale um número)
   a. Diário
   b. Duas vezes por semana
   c. Uma vez por mês
   d. 2-3 vezes por mês
   e. Outros, especificar --

   ----

9. Para que fins procura informação na Web e com que frequência a utiliza? (Assinale uma vez em cada linha)
Descrição: 5= muito frequentemente , 4= frequentemente, 3= Raramente , 2= muito Raramente, 1= Nunca.

Não	Objectivos que procura	Muito frequentemente	Frequentemente	Raramente	Muito Raramente	Never

Não.						
9.1	Atribuição de aulas					
9.2	Investigação					
9.3	Entretenimento					
9.4	Comunicação/redes (correio eletrónico, conversação, redes sociais)					
9.5	Estudar para o exame					
9.6	Sensibilização geral					

PARTE IV Frequência de utilização do canal Web

10. Com que frequência utiliza os seguintes canais de informação quando procura informação na Web? (assinale uma vez em cada linha)

Descrição: 3= Sempre, 2= Às vezes, 1= Nunca.

Não.	Canal	Sempre	Por vezes	Nunca
10.1	Motor de busca (Yahoo, Google)			
10.2	Sítios Web			
10.3	Correio eletrónico e redes sociais			
10.4	Catálogo em linha da biblioteca (OPAC)			
10.5	Base de dados online			

10.6	Portais temáticos [I]			

PARTE V Conhecimentos e competências em matéria de utilização da informação da Web
11. Como avalia a sua capacidade de utilizar a Web? (assinale uma opção)
    1. Muito bom 2. Bom 3. Médio 4. Fraco 5. Muito mau
12. Recebeu alguma formação formal sobre como utilizar a Web (literacia da informação)? (assinale um número)
    1. Sim   2 Não
13. Em caso afirmativo, em que medida considera que a formação é útil (assinale uma opção)?
    1. Muito útil 2. útil 3. até certo ponto útil 4. não útil
PARTE VI Satisfação com a utilização da informação Web
14. Como classifica o seu grau de satisfação em relação às seguintes opções? (assinalar uma vez em cada linha)
Descrição: 5= Muito satisfeito , 4= Satisfeito , 3= Neutro , 2= Insatisfeito , 1= Muito insatisfeito .

Não	Nível de satisfação	VS	S	Neutro	DS	VD
14.1	Literacia da informação/formação em TIC					
14.2	Velocidade da ligação à Internet					
14.3	Resolver problemas e satisfazer necessidades					
14.4	Utilização e relevância das bases de dados académicas em linha					
14.5	A interface do utilizador é fácil de utilizar					
14.6	Catálogo de acesso público em linha					

NB: VS= Muito Satisfeito; S=Satisfeito; DS= Insatisfeito VD= Muito Insatisfeito

15. Em que medida a informação da Web foi útil para o seu trabalho académico e de investigação? (Faça um círculo à volta de uma opção)
    1. Muito útil 2.Útil 3.Um pouco útil 4.Não útil

[I] O portal temático permite aceder a recursos e guias essenciais para cada área temática principal A literacia da informação é a capacidade de identificar as informações necessárias e utilizadas.

16. Indique o grau de problemas enfrentados na procura de informações na Internet
       (Assinalar uma vez em cada linha)
Descrição: 5= Problema grave, 4= Problema moderado, 3= Neutro, 2= Problema ligeiro, 1= Sem problema.

Não.	Problema enfrentado	Problema grave	Problema moderado	Neutro	Problema menor	Não há problema
16.1	Ligações lentas à Internet					
16.2	restrições de acesso					
16.3	falta de formação/ajuda na utilização de recursos electrónicos em linha					
16.4	sobrecarga de informação					
16.5	É preciso tempo para obter as informações correctas					
16.6	A informação requerida não está disponível					
16.7	Não sabem como procurar e recuperar informações					

17. Que medidas podem ser tomadas para resolver o problema apresentado na página 16?

----

18. Informações adicionais sobre as questões acima que, na sua opinião, não estão abrangidas pelo presente questionário e que devem ser destacadas

Apêndice 7.2. Questionário para o pessoal académico
COMPORTAMENTO DE PROCURA DE INFORMAÇÃO NA WEB ENTRE O PESSOAL ACADÉMICO E OS ESTUDANTES DA UNIVERSIDADE DA FUNÇÃO PÚBLICA DA ETIÓPIA
QUESTIONÁRIO PARA O PESSOAL ACADÉMICO
Caro instrutor,

Estou a realizar uma investigação como cumprimento parcial da minha tese de mestrado, que se centra no comportamento de procura de informação na Internet por parte dos estudantes de pós-graduação e do pessoal académico da Universidade da Função Pública da Etiópia. Ficaria muito grato se me desse o seu consentimento para participar no preenchimento de um questionário, que procura as suas percepções e práticas sobre o comportamento de procura de informação na Web.

Todas as informações recolhidas serão recolhidas e codificadas de modo a que não possam ser identificadas em nenhum relatório sobre esta investigação. A sua participação nesta investigação permitir-me-á identificar o comportamento de procura de informação na Web dos estudantes de pós-graduação e do pessoal académico da Universidade da Função Pública da Etiópia, com vista a fazer recomendações para colmatar a lacuna existente na questão em investigação. A sua participação é voluntária e o anonimato é garantido.

Nota: Para sua informação, a Web é uma forma de aceder a informações através do meio da Internet. É um modelo de partilha de informação que é construído sobre a Internet.

Obrigado pelo vosso tempo
Solomon Weldetensay
Estudante de mestrado em Ciências da Informação
Universidade de Harmaya, Faculdade de Computação e Informática
Correio eletrónico solgood2010@gmail.com
Tel: 0911488089

PARTE I: Informações demográficas

O seu Instituto/Departamento ---------------------------------------
Indica a tua resposta, assinalando com um círculo o número

7. Especifique o seu sexo:
a, Maleb   , Feminino
   8. A sua idade
      a, 22 - 28b , 29 - 35c   , 36 - 42d , 43 e
      acima
   9. Quais são as suas habilitações literárias?
      a, Licenciaturab , Mestradoec , PHD (Doutoramento) Grau)
   10. Qual a duração da sua experiência profissional?
      a, 1 - 5b , 6 - 10c   , 11 -15d , 16 e
      acima

PARTE II: Informação Web Acesso à Internet e grau de adequação

11. Qual é o seu meio de informação preferido para as suas necessidades de informação?
   A, materiais impressos b, recursos electrónicos em linha (web) c, ambos
12. Como é que tem acesso à Internet? (pode assinalar mais do que uma caixa)
   se aplicam a si de forma adequada)

f) Terminal de escritório com fios (computador de secretária ou portátil)	
g) Laboratório informático com fios, centro de biblioteca	
h) Terminal de escritório sem fios	
i) Laboratório informático sem fios/centro de biblioteca	
j) PC doméstico com fios	

7. Em que medida concorda que as informações adquiridas na Web são geralmente adequadas para satisfazer as suas necessidades de informação?
Descrição: 5= Concordo totalmente, 4= Concordo, 3= Neutro, 2= Discordo, 1= Discordo totalmente.

Não.	Canal	SA	AG	N	DA	SA
7.1	Motor de busca (Google)					
7.2	Websites (páginas Web da organização)					
7.3	Correio eletrónico e redes sociais (Gmail, Face Book, etc.)					
7.4	Catálogo Online da Biblioteca (OPAC)					
7.5	Bases de dados escolares em linha (emerald, EBSCO, etc.)					

NB: SA= Concordo fortemente; AG = Concordo; N= Neutro; DA= Discordo; SD= Discordo fortemente

PARTE III: Objetivo e frequência da utilização de informações da Web

8. Com que frequência utiliza a Internet para procurar informações (assinale um número)
   - a. Diariamenteb
   - . Duas vezes por semana
   - c. Uma vez por mêsd
   - . 2-3 vezes por mês
   - e. Outros, especificar ______________________________

9. Para que fins procura informação na Web e com que frequência a utiliza? (Assinale uma vez em cada linha)
Descrição: 5= Muito frequentemente, 4= frequentemente, 3= raramente, 2= Muito raramente, 1= Nunca.

Não	Objectivos que procura	Muito frequentemente	Frequentemente	Raramente	Muito Raramente	Nunca
9.1	Preparar o ensino materiais					

Não.						
9.2	Investigação					
9.3	Entretenimento					
9.4	Comunicação/redes (correio eletrónico, conversação, redes sociais)					
9.5	Procurar uma bolsa de estudo					
9.6	Sensibilização geral					
9.7	Outro, especificar					

PARTE IV: Frequência de utilização do canal Web

10. Com que frequência utiliza os seguintes canais de informação quando procura informação na Web? (assinale uma vez em cada linha)

Descrição: 3= sempre, 2= às vezes, 1= nunca.

Não.	Canal	Sempre	Por vezes	Nunca
10.1	Motor de busca (Yahoo, Google)			
10.2	Sítios Web			
10.3	Correio eletrónico e redes sociais			

10.4	Catálogo Online da Biblioteca (OPAC)			
10.5	Base de dados em linha (emerald, EBSCO)			
10.6	Portais temáticos			

PARTE V: Conhecimentos e competências em matéria de utilização da informação da Web

11. Como avalia a sua capacidade de utilizar a Web? (Faça um círculo à volta de uma opção)
    A, Muito bom b, Bom c, Médio d, Fraco e, Muito fraco
12. Recebeu alguma formação formal sobre como utilizar a Web (literacia da informação)?
    (assinale um número)
          a. Simb   . Não
13. Em caso afirmativo, em que medida considera que a formação é útil (assinale uma opção)?
          a. Muito útil b. Útil c. Até certo ponto útil d. Não útil

PARTE VI: Satisfação com a utilização da informação na Web

14. Como classifica o seu nível de satisfação em relação às seguintes opções?
    (Assinalar uma vez em cada linha)
    Descrição: 5= muito satisfeito, 4= satisfeito, 3= neutro, 2= insatisfeito, 1= muito insatisfeito.

Não	Nível de satisfação	VS	S	N	D	VD
14.1	Literacia da informação/formação em TIC					
14.2	Velocidade da ligação à Internet					
14.3	Resolver problemas e satisfazer necessidades					
14.4	Utilização e relevância das bases de dados académicas em linha					
14.5	A interface do utilizador é fácil de utilizar					

14.6	Catálogo de acesso público em linha					

NB: VS= Muito Satisfeito; S=Satisfeito; N=Neutro DS=Desatisfeito VD= Muito Insatisfeito

15. Em que medida a informação da Web foi útil para o seu trabalho académico e de investigação? (Faça um círculo à volta de uma opção)
1. Muito útil   2.Úti   13.Um pouco útil 4.Não útil

PARTE VII: Desafios da utilização da informação da Web
16. Indique o grau de problemas enfrentados na procura de informações na Internet
(Assinalar uma vez em cada linha)
Descrição: 5= Problema grave, 4= Problema moderado, 3= Neutro, 2= Problema ligeiro, 1= Sem problema.

Não.	Problema enfrentado	Problema grave	Problema moderado	Neutro	Problema menor	Não há problema
16.1	Ligações lentas à Internet					
16.2	restrições de acesso					
16.3	falta de formação/ajuda na utilização de recursos electrónicos em linha					
16.4	sobrecarga de informação					
16.5	É preciso tempo para obter as informações correctas					
16.6	A informação requerida não está disponível					

16.7	Não sabem como procurar e recuperar informações						
16.8	Outro, especificar						

17. Sugerir o que pode ser feito para resolver os problemas com que se depara.

----

18. Informações adicionais sobre as questões acima que, na sua opinião, não estão abrangidas pelo presente questionário e que devem ser destacadas

Apêndice 7.3 Entrevista para pessoal académico e estudantes de pós-graduação

Trata-se de uma entrevista semi-estruturada para investigar a procura de informação na Internet
Obrigado pela sua participação comportamento do pessoal académico e dos estudantes de pós-graduação
1. O que influencia a sua preferência por um meio de comunicação quando procura informação?
2. Que tipos de fontes de informação da Web utiliza? Com que objetivo as utiliza?
3. Quais as fontes de informação da Web que mais utiliza e qual a sua importância para os seus objectivos académicos?
4. Qual é o seu grau de satisfação com o facto de as informações da Web satisfazerem as suas necessidades de pesquisa de informações?
5. Qual é o seu nível de conhecimentos em matéria de pesquisa e utilização de diferentes canais Web?
6. Que desafios pensa que podem dificultar a pesquisa de informação na Web? O que poderia ser feito para melhorar?
7. Qual é o seu comentário final ou sugestões relativamente ao comportamento de procura de informação na Web?

Apêndice 7.4 Tabelas para Questionários Abertos e Entrevista Semiestruturada

Apêndice Quadro 1: Resumo dos resultados dos questionários abertos comunicados pelo pessoal académico

Q16. Problemas enfrentados na utilização da informação da Web?	Q17. Comentários e sugestões para resolver o problema?	Q18. Informações ou comentários adicionais, caso existam?
Sobrecarga de informação Restrição de acesso Falta de conteúdos locais na Internet Incapacidade de obter as informações correctas através de uma simples pesquisa. Base de dados de subscrição baseada nas necessidades Falta de formação em recursos electrónicos em linha Falta de conhecimento dos recursos electrónicos disponíveis na biblioteca.	-Realizar workshops e seminários para apresentar as tecnologias electrónicas disponíveis Recursos - Trabalhar na expansão do projeto TIC. -Construir institucional repositório para aceder aos resultados da investigação interna	A biblioteca deve ministrar um nível avançado de formação em literacia da informação Os serviços de Internet sem fios devem ser executados em todos os campi da universidade ECSU Programa de literacia da informação incorporado no currículo universitário Subscrever mais revistas em linha revistas por pares. Os bibliotecários devem promover proactivamente novos serviços de biblioteca e conteúdos digitais.

Apêndice Quadro 2, Resumo dos resultados dos questionários abertos apresentados pelos estudantes de pós-graduação

Q16. Problemas enfrentados na utilização da informação da Web?	Q17. Comentários e sugestões para resolver o problema?	Q18. Informações ou comentários adicionais, caso existam?
Interrupção de energia eléctrica Alguns computadores não funcionam Ligações lentas à Internet -Restrições de acesso, filtragem e censura da Web. -Falta de assistência do técnico do laboratório de informática. -Instalações inadequadas (computadores e laboratórios de informática). .	A cobertura da ligação WIFI deve ser mais ampla nas salas de aula e nos dormitórios. -Melhorar a velocidade da Internet -Continuousonline recursos electrónicos formação são necessários. -Trabalhar na expansão do projeto TIC. -Contratar mais profissionais de TIC e de bibliotecas. -Dar solução aos vírus informáticos. -O técnico de laboratório deve ajudar os alunos a utilizar os recursos da Web.	Contratar mais técnicos de laboratório. Sensibilização e apoio prático Deveria ser instalado um laboratório de informática adicional. A biblioteca e o centro TIC devem estar sempre prontos a dar soluções O laboratório de informática deve ser gerido corretamente. Subscrição de software antivírus e controlo centralizado. O acesso à Internet na biblioteca deve ser regulamentado e deve ser ajustado para uma utilização equitativa. Substituir os computadores da versão antiga por uma nova. Acompanhamento e manutenção imediata da rede.

Apêndice Quadro 3: Resumo dos resultados das entrevistas recolhidas junto do pessoal académico

Q1. O que influencia a sua preferência por um meio de comunicação quando procura informação?	Q2. Que tipos de fontes de informação da Web utiliza e com que objetivo?	Q3. Quais as fontes de informação da Web que mais utiliza para fins académicos e de investigação?
A sua preferência por uma combinação de fontes impressas e electrónicas. Mas, na maioria das vezes, consultaram os recursos electrónicos em linha Utilizaram ambas as fontes de informação para obterem informações completas e fidedignas. Os recursos electrónicos são fáceis de aceder e utilizar. Podem também aceder a muitas fontes de informação e a informações actuais	Utilizaram as seguintes fontes de informação: Motores de pesquisa e sítios Web como o Google, o Lycos, o Yahoo e os sítios Web da ONU Google, Wikipédia, Bookkos.org, libgen.org e Google scholar Bases de dados académicas, Redes sociais, O objetivo é utilizar as fontes de informação acima referidas. A maior parte deles utiliza a Web para fazer investigação, ensinar e preparar módulos. Alguns utilizam-na para partilhar ideias e pensamentos e procurar bolsas de estudo.	-As fontes de informação electrónicas mais preferidas são o motor de busca Google e os sítios Web. A principal razão para utilizar o motor de pesquisa do Google é a facilidade de utilização e a possibilidade de encontrar informações em todos os domínios disciplinares. - Um inquirido respondeu que as informações obtidas através do Google são fiáveis. -Pode aceder rapidamente a livros electrónicos e artigos de revistas.

Apêndice Tabela 4. Resumo dos resultados das entrevistas recolhidas junto dos estudantes de pós-graduação

Q1. O que influencia a sua preferência por um meio de comunicação quando procura informação?	Q2. Que tipos de fontes de informação da Web utiliza e com que objetivo?	Q3. Quais as fontes de informação da Web que mais utiliza para fins académicos e de investigação?

Utilizaram fontes híbridas (impressas e electrónicas). Mas continuaram a preferir os recursos electrónicos aos impressos. Falta de confiança na abordagem da maioria dos utilizadores em relação a muitas fontes electrónicas, mas continuam a utilizar muitas das fontes de que necessitam A única fonte impressa não satisfaz as suas necessidades actuais de informação e não se sente à vontade para procurar e recuperar A informação deve ser relevante, atual e fidedigna	Utilizaram as seguintes fontes de informação: -motor de busca (Google e yahoo) Sítios Web (governamental) não governamentais) Intranet (dentro do campus) Youtube, e Rede social O objetivo é utilizar os recursos Web acima referidos da seguinte forma Descarregamento de livros electrónicos e módulos Para trabalhos e projectos escolares e realização de pesquisas Alguns deles são utilizados para entretenimento, como ouvir música e ver filmes	A resposta é quase a mesma. Utilizam o Google sobretudo para fins académicos Alguns dos inquiridos afirmaram que utilizam sítios Web, o Google scholar e o YouTube para fins educativos.

Apêndice Quadro 5. Resumo dos resultados das entrevistas recolhidas junto do pessoal académico

Q4: Qual é o seu grau de satisfação com o facto de a informação da Web satisfazer as suas necessidades em termos de procura de informação?	Q5.Como Tem conhecimentos de pesquisa e utilização de diferentes canais Web?	Q6. Que desafios pensa que podem dificultar a pesquisa de informação na Web? O que poderia ser feito para melhorar?	Q7. Qual é o seu comentário final ou sugestões relativamente ao comportamento de procura de informação na Web?
A maioria do pessoal académico está menos satisfeita com a lentidão da ligação à Internet e com a formação em literacia da informação. Quase todos os inquiridos concordam que, em certa medida, a informação na Web pode satisfazer as suas necessidades académicas. No entanto, muito se esperava dos serviços de Internet sem paragens da universidade com todos os terminais sem fios	A maior parte deles respondeu que não são tão bons conhecedores e competentes como esperavam, porque a maior parte deles utilizou um número limitado de canais Web e teve dificuldade em pesquisar e obter informações relevantes informações com base na necessidade ou lacuna criada. A maior parte deles classificou as suas competências como médias devido ao facto de estarem dependentes de alguns canais Web e de demorarem tempo a obter as informações correctas.	-Os principais desafios mencionados pelo pessoal académico são semelhantes aos das perguntas fechadas. Todos os inquiridos me disseram que a ligação à Internet é lenta, que não têm formação e que têm dificuldade em filtrar a informação pertinente de	Fornecer formação avançada em literacia da informação informação programa de literacia integrado no currículo universitário O serviço sem fios deve ser executado em todos os campi da universidade Formação. Formação... ...todos o mencionaram

Apêndice Tabela 6. Resumo dos resultados das entrevistas recolhidas junto dos estudantes de pós-graduação

Q4: Qual é o seu grau de satisfação com o facto de a informação da Web satisfazer as suas necessidades em termos de procura de informação?	Q5.Como Tem conhecimentos de pesquisa e utilização de diferentes canais Web?	Q6. Que desafios pensa que podem dificultar a pesquisa de informação na Web e a solução	Q7. Qual é o seu comentário final ou sugestões?
A maioria dos inquiridos concorda com a lentidão da ligação à Internet, a falta de assistência do laboratório e falta de formação dos bibliotecários para utilizarem os recursos Web criados para eles insatisfação. No entanto, as informações baseadas na Web são fáceis de utilizar, acessíveis e permitem encontrar uma grande variedade de informações para fins académicos.	Alguns deles sentem-se confortáveis com a utilização de meios electrónicos em linha recursos, mas a maioria dos inquiridos respondeu que não tem capacidade para procurar e obter as informações certas no momento certo. De um modo geral, é possível atribuir uma classificação média.	Internet lenta ou más ligações à Internet (principalmente ponto de acesso sem fios). Restrições de acesso, filtragem e censura da Web. Falta de ajuda ou assistência por parte do técnico do laboratório de informática. Instalações inadequadas (computadores e laboratórios informáticos). Incapacidade de avaliar a informação e falta de capacidade de pesquisa. Ausência de recursos digitais locais (internos). Abertura restritiva horas de laboratório de informática e biblioteca. Falta de formação prática sobre a utilização da Internet.	Proporcionar formação contínua em literacia da informação. Laboratório de informática o técnico precisa de ser cliente focado. Adicionar mais laboratório de informática. Regulamentar corretamente a utilização da Internet no laboratório de informática. Adicionar mais computadores à ligação com fios. Alargar o acesso sem fios aos dormitórios das salas de aula dos estudantes

Apêndice 7.5 Resumo da tabela do teste do Qui-quadrado.

Apêndice Tabela 1. Medida do grau dos inquiridos da escala liker (Qui-quadrado)

Variáveis de teste	Categoria dos inquiridos	df	f	p
Informações adequadas obtidas nos sítios Web	Pessoal académico	3	22.507	0.000
	Estudantes de pós-graduação	4	106.057	0.000
Informações adequadas obtidas no sítio Web e nas redes sociais	Pessoal académico	4	22.048	0.000

	Estudantes de pós-graduação	4	95.598	0.000
Informações adequadas encontradas no OPAC	Pessoal académico	3	14.952	0.002
	Estudantes de pós-graduação	4	71.690	0.000
Adequado Informações encontradas em bases de dados académicas	Pessoal académico	4	24.905	0.000
	Estudantes de pós-graduação	4	94.678	0.000
Frequência de utilização da Internet	Pessoal académico	1	24.381	0.000
	Estudantes de pós-graduação	3	25.862	0.000
Pesquisa na Web para fins didácticos	Pessoal académico	4	19.667	0.001
Pesquisa na Web para fins de investigação	Pessoal académico	4	30.551	0.001
Pesquisa na Web para fins de entretenimento	Pessoal académico	4	18.476	0.001
Procura de Web para comunicação	Pessoal académico	4	44.190	
Procura de bolsas de estudo na Internet	Pessoal académico	4	3.714	0.446

Pesquisa na Web para conhecimento geral	Pessoal académico	4	44.190	0.000
Pesquisa na Web para a realização de trabalhos de casa	Estudantes de pós-graduação	4	193.011	0.000
Pesquisa na Web para fins de investigação	Estudantes de pós-graduação	4	78.931	0.000
Pesquisa na Web para entretenimento geral	Estudantes de pós-graduação	4	83.184	0.000

Variáveis de teste	Categoria dos inquiridos	df	f	p
Informações da Web para fins académicos	Pessoal académico	2	28.429	0.000
	Estudantes de pós-graduação	2	79.862	0.000
Satisfação com a utilização da informação na Web				
Formação em literacia da informação	Pessoal académico	4	27.524	0.000
	Estudantes de pós-graduação	4	83.729	0.000
Ligação à Internet	Estudantes de pós-graduação	4	55.943	0.000

resolver o seu problema	Pessoal académico	3	26.190	0.000
	Estudantes de pós-graduação	4	66.402	0.000
Relevância das bases de dados académicas	Pessoal académico	4	15.619	0.000
	Estudantes de pós-graduação	4	52.494	0.000
A interface Web é de fácil utilização	Pessoal académico	4	42.048	0.000
	Estudantes de pós-graduação	4	64.906	0.000
Utilização do OPAC	Pessoal académico	4	16.810	0.002
	Estudantes de pós-graduação	4	138.356	0.000
Desafios no comportamento de procura de informação na Web				
Velocidade da ligação à Internet	Pessoal académico	3	18.762	0.000
Restrições de acesso aos recursos electrónicos em linha	Pessoal académico	4	63.299	0.000

Falta de formação em literacia da informação	Estudantes de pós-graduação	4	55.195	0.000
Sobrecarga de informação	Estudantes de pós-graduação	4	70.208	0.000
Reservar tempo para obter informações na Internet	Pessoal académico	4	55.598	0.000
Pesquisa e recuperação	Pessoal académico	4	27.762	0.000

Printed by Books on Demand GmbH, Norderstedt / Germany